원서발췌
악학궤범

JN432097

고전 명작을 읽는 가장 쉬운 길,
'지식을만드는지식 원서발췌'

축약, 해설, 리라이팅이 아닙니다. 원전의 핵심 내용을 문장 그대로 가져옵니다. 작품의 오리지낼리티를 가감 없이 느낄 수 있습니다.
두껍고 읽기 어려워 책장을 덮어 버리곤 했던 고전을 발췌합니다. 해당 작품을 연구한 전문가가 작품의 정수를 가려 뽑아냅니다. 핵심만 읽기 때문에 더 빠르게 더 많은 고전을 읽을 수 있습니다. 제외된 부분은 중간중간 친절하게 요약 설명합니다. 풍부한 해설과 주석으로 전체 내용을 파악하는 데 무리가 없습니다. 정확한 번역, 적절한 윤문으로 10대에서 80대까지 누구나 쉽게 읽을 수 있습니다. 콤팩트한 사이즈와 분량이므로 간편하게 휴대할 수 있습니다. 수천 쪽의 고전을 발췌된 내용으로 읽고도 전체 의미를 파악할 수 있는 것이 지식을만드는지식 원서발췌의 매직입니다. 발췌율은 표지에 표시하고 발췌 방법은 일러두기에 상세히 밝힙니다.
고전 독자를 발췌 읽기에서 완역 읽기로, 더 나아가 원전 읽기로 안내합니다. 바쁜 현대인들에게 새로운 고전읽기 방법을 제시합니다.

원서발췌
악학궤범

樂學軌範

성현(成俔) 엮음
김명준 옮김

대한민국, 서울, 지만지한국문학, 2025

편집자 일러두기

- 이 책은 일본 호사문고본(蓬左文庫本) 《악학궤범(樂學軌範)》을 저본으로 삼았습니다.
- 《악학궤범》은 권2~권5까지 궁중 제례와 연향에 사용된 노래를 수록했으며, 이 책에서는 권2, 3, 5에 있는 노래를 간추려 번역했습니다.
- 노래를 간추릴 때, 기존 번역서에서 충분히 다룬 작품과 한국 문학의 범위에서 현저히 거리가 있는 것들은 가급적 제외했으며 《악학궤범》 이외 다른 도서에 있는 작품이라 하더라도 원전에 처음 소개되었거나 원전의 편찬 의도에 가까운 작품은 가려 뽑아 번역했습니다.
- 작품의 순서는 원전을 따랐습니다.
- 이 책의 번역은 기존의 번역물을 참고했으나 그 번역이 매끄럽지 못하거나 오역이라 생각한 것들을 바로잡고 일반 독자들을 위해 좀 더 쉽게 풀었습니다.
- 이 책의 주석과 작품 해제는 모두 옮긴이가 독자의 이해를 돕기 위해 단 것입니다.
- 독자의 이해를 돕기 위해 원전의 정재도설(呈才圖說), 악기도설(樂器圖說), 관복도설(冠服圖說) 일부를 부록으로 수록했습니다.
- [ ] 안의 내용은 원문에는 없지만 전후 문맥의 흐름을 매끄럽게 하거나 이해를 돕기 위해 옮긴이가 덧붙인

것입니다. 또한 괄호 안의 말과 바깥 말의 독음이 다를 때, 괄호가 중복될 때에도 [ ]를 사용했습니다.

- 이 책은 2013년 4월 16일 천줄읽기' 시리즈로 처음 출간했습니다. 이번에 '원서발췌' 시리즈로 옮겨 출간합니다.

차례

제례 악장

연향 악장

속악(俗樂) 정재(呈才)

제례 악장

조선 시대 국가 제례는 예제(禮制)의 정비 과정에서 고려 시대부터 내려오던 것들을 조선에 맞게 수정 보완하거나 조선에 맞는 새로운 제례를 추가하는 방향으로 정립해 나갔다. 오례 가운데 길례(吉禮)에 드는 제례는 대상에 따라 대사(大祀), 중사(中祀), 소사(小祀)로 나뉘어 제사를 지냈다. 제례를 행하는 데에는 반드시 음악이 수반되었으며 여기에 가사[악장(樂章)]와 춤[정재(呈才)]이 더해지기도 했다. 제례에 음악을 동반하는 것은 국가 형성기 이후의 전통이기도 하지만 예악 사상의 확립과도 그 궤도를 같이한다. 궁중 제례 음악은 고려 시대 송, 원, 명으로부터 수용한 아악(雅樂), 신라 시대부터 수용한 당악(唐樂), 본래 우리의 향악(속악) 등이 단독 내지 교주(交奏) 형태로 사용되었다. 악장은 아악 연주인 경우 제례의 일부분에서, 속악인 경우 제례 절차 대부분에서 불렸다. 정재는 제례의 성격에 따라 동반하기도 했는데 그 대표적인 예가 문묘 · 종묘 제례의 일무(佾舞)다.

풍운뇌우(風雲雷雨)

풍운뇌우 제례는 풍사(風師), 운사(雲師), 뇌사(雷師), 우사(雨師) 신에 대한 제사로 한국과 중국에서 오래전부터 지내 왔던 것으로 보인다. 고려 시대에는 길례(吉禮) 소사(小祀)로 지냈으나 조선 시대에 들어와 중사(中祀)로 승격되었다. 풍운뇌우, 산천, 성황은 각기 다른 제사였는데, 태종 13년(1413) 이후부터 합제(合祭)했다.

풍운뇌우 악장은 전폐 1편, 초헌 풍운뇌우, 산천, 성황 각 1편, 철변두 1편으로 구성되어 있다.[1] 이처럼 악장은 모두 5편으로 이 가운데 초헌 3편은 변계량(卞季良, 1369~1430)이 지었으나 나머지 전폐와 철변두 악장은 누가 지은 것인지 알 수 없다.

---

1) 궁중 제례와 의식 기본 절차는 '영신－전폐－초헌 · 아헌 · 종헌－철변두－송신'의 순서를 따르며, 이 가운데 악장이 사용되는 곳은 '전폐, 삼헌(三獻), 철변두'다.

1. 전폐(奠幣)[2] 숙안지악(肅安之樂)[3]

성 남쪽 제단에
제사가 잘 갖추어졌도다
조두를 진설하니
서직이 향기롭도다
음악을 갖추어 들어가 연주하니
악기 소리가 쟁쟁하도다
공손히 폐백을 올리니
신께서는 편히 강림하소서
城南有壇
祀事孔明[4]
俎豆[5]旣陳

2) 전폐(奠幣) : 제사 때 신령께 폐백(幣帛)을 올리는 절차다.

3) 숙안지악(肅安之樂) : 제례 악곡의 하나로 풍운뇌우 외에도 지기(地祇)와 사직(社稷), 선농(先農) 선잠(先蠶) 우사(雩祀)의 전폐에 사용되었다.

4) 공명(孔明) : '공(孔)'은 '심히 · 잘[甚]', '명(明)'은 '갖추어지다'라는 뜻이다. '祝祭于祊 祀事孔明' 《詩經》 〈小雅 · 谷風之什〉 〈楚茨〉.

5) 조두(俎豆) : 제기를 이른다. '조(俎)'에는 고기를, '두(豆)'에는 국을 담는다.

黍稷[6]其馨

樂具入奏

磬管[7]鏘鏘[8]

惟恭奉幣

神其降康

6) 서직(黍稷) : 메기장과 차기장.

7) 경관(磬管) : '경(磬)'은 편경(編磬)으로 석부(石部)의 유율(有律) 타악기이며, '관(管)'은 관악기다.

8) 장장(鏘鏘) : 금옥(金玉) 소리가 울려 퍼지는 모양.

2. 초헌(初獻)[9] 수안지악(壽安之樂)[10]

하늘은 베풀고 땅은 이어받으니

온갖 것들이 이로 인해 생겼도다

풍운과 뇌우로 인해

만물이 형체를 이루도다

제때를 잃지 않게 해서

온 백성에게 혜택을 주소서

제향을 드리오니

복록이 이르게 하소서

天施地承

品物[11]以生

風雲雷雨

品物流形

無失其時

澤我烝民

---

9) 초헌(初獻) : 신께 올리는 첫 번째 술잔.

10) 수안지악(壽安之樂) : 제례 악곡의 하나로 풍운뇌우 외에도 지기(地祇)와 사직(社稷), 선농(先農), 선잠(先蠶), 우사(雩祀)의 아헌과 종헌에 사용되었다.

11) 품물(品物) : 온갖 물건. '品物流形'《易經》.

以享以祀
福祿來臻

① 산천(山川)

산이 높으니
나라의 명산(名山)이고
강물이 가득해 길게 흐르니
나라의 기강이로다
상서를 내리시어
많은 복을 주소서
성대(盛大)하게 내려오시어
잘 갖추어진 제사를 흠향하소서
有山斯峻
維邦之鎭[12)]
有水斯瀰
維邦之紀
産祥降瑞
介以繁祉

12) 진(鎭) : 지덕(地德)으로 나라를 평안하게 하는 명산(名山). '其山鎭曰會稽'《周禮》.

洋洋[13]來格
歆我明祀

② 성황(城隍)

여기 성황이
나라 품에 안겼도다
때에 맞는 제사 올리기를
바르고 지체 없이 했도다
신께서 편히 내리시어
우리를 장수케 하고 착하게 하시어
종묘와 사직이 면면히 이어 가서
억만년 동안 계속되게 하소서
惟此城隍
襟抱[14]于國
薦[15]之時祀
旣齊旣稷[16]

---

13) 양양(洋洋) : 성대한 모양.

14) 금포(襟抱) : 마음에 품다.

15) 천(薦) : 제물(祭物), 공물(供物)을 올리다.

神其降康[17]
俾我壽臧[18]
宗社綿綿[19]
彌[20]億萬年

---

16) 기제기직(旣齊旣稷) : '제(齊)'는 '가지런하다[整]', '직(稷)'은 '빨리 하다[疾]'라는 뜻이다. '旣齊旣稷 旣匡旣勑'《詩經》〈小雅 · 谷風之什〉〈楚茨〉.

17) 강(康) : 편안하다. '成王不敢康'《國語》.

18) 장(臧) : 착하다. '不忮不求 何用不臧'《詩經》〈邶風〉〈雄雉〉.

19) 면면(綿綿) : 오래 계속해 끊어지지 않다.

20) 미(彌) : ~ 동안 계속되다.

3. 철변두(徹籩豆)[21] 옹안지악(擁安之樂)[22]

예의가 이미 갖추어졌으니

모두 마땅하지 않음이 없도다

변[23]과 두를 진설하고

철상(徹床)함에 더디지 않도다

제사를 매우 공손히 해서 때를 맞추었으니

신께서 취하고도 포향했도다

제때에 법식대로 했으니

큰 복을 내려 주소서

禮儀既備

罄[24]無不宜

有踐[25]籩豆

---

21) 철변두(徹籩豆) : 제단의 음식을 치우는 절차.

22) 옹안지악(擁安之樂) : 제례 악곡의 하나로 풍운뇌우 외에도 선농(先農)·문선왕(文宣王)의 진찬(進饌)과, 지기·사직·종묘·선농·선잠의 철변두에 사용되었다.

23) 변(籩) : 과일, 건어물 등을 담는 제기(祭器).

24) 경(罄) : 다하다[盡]. '罄無不宜 受天百祿'《詩經》〈小雅·鹿鳴之什〉〈天保〉.

25) 천(踐) : 차리다, 진설하다. '我覯之子 籩豆有踐'《詩經》〈豳風〉〈伐

載[26]徹不遲
孔惠[27]且時
神具醉飽
如期如式
維我純[28]嘏

柯〉.

26) 재(載) : 이에[乃], 즉(則).

27) 공혜(孔惠) : '공(孔)'은 '매우', '혜(惠)'는 '공손하다'라는 뜻이다. '孔惠孔時 維其盡之'《詩經》〈小雅 · 谷風之什〉〈楚茨〉.

28) 순(純) : 크다. '錫爾純嘏 子孫其湛'《詩經》〈小雅 · 甫田之什〉〈賓之初筵〉.

지기(地祇) 사직(社稷)

사직 제례는 토지신과 곡식신에 대한 제사로 중국에서는 전국 시대 이후 사(社)와 직(稷)을 하나로 합해 천자가 주재하는 국가적 제사가 되었으며, 우리나라는 삼국 시대부터 국가적 제례로 확립되었고 고려와 조선 시대 길례 대사로 올려졌다. 사직 악장은 조선 성종조에 완성되었으며 전폐 1편, 초헌 국사 국직 각 1편, 철변두 1편으로 이루어졌다.

1. 전폐(奠幣)

땅은 두터워 만물을 실으니
한없이 넓고 크도다
우리 모든 백성을 존립하게 하시니
만세토록 힘입으리로다
제단은 엄정하고
제물의 향기 그윽하도다
공손히 폐백을 받드니
제사가 잘 갖추어졌도다
坤厚載物
其大無外
立我蒸民[29]
萬世永賴[30]
有儼其壇
有椒其馨[31]

---

29) 증민(烝民) : 백성[증민(蒸民)]. '立我烝民 莫匪爾極'《詩經》〈周頌·淸廟之什〉〈思文〉.

30) 뇌(賴) : 힘입다, 의지하다. '萬世永賴'《書經》.

31) 유초기형(有椒其馨) : '초(椒)'와 '형(馨)'은 모두 '향기롭다'라는 뜻이다. '有椒其馨 胡考之寧'《詩經》〈周頌·閔予小子之什〉〈載芟〉.

惟恭奉幣
我祀孔明

2. 초헌(初獻)

① 국사(國社)

지극하도다 땅이여
능히 저 하늘과 짝을 이루소서
감싸 안을 듯 넓고 커서
만물을 싣도다
능히 정성껏 제사를 지냄에
예에 어긋남이 없도다
복을 내리시기를 크게 하시거늘
무궁토록 하소서

至哉坤元[32)]
克配彼天[33)]
含弘廣大
萬物載焉
克禋克祀[34)]

---

32) 곤원(坤元) : 땅.

33) 극배피천(克配彼天) : 문덕을 간직하신 후직이여, 저 하늘에 짝했도다. '思文后稷 克配彼天'《詩經》〈周頌 · 淸廟之什〉〈思文〉.

式禮莫愆[35]
降福簡簡[36]
於萬斯年

② 국직(國稷)

좋은 씨앗을 내려
심고 거둠에 힘쓰도다
모든 곡식 잘 영그니
많은 백성이 두루 은택을 받도다
우리 제사가 어떠한가
예에 어그러짐이 없도다
도와주는 도가 있으니
큰 복을 더욱 크게 하소서

---

34) 극인극사(克禋克祀) : 사람 만들기를 어찌했나, 정결히 자식 원하는 제사하셨도다. '生民如何 克禋克祀' 《詩經》〈大雅 · 生民之什〉〈生民〉.

35) 건(愆) : 허물이 있다. '我孔熯矣 式禮莫愆' 《詩經》〈小雅 · 谷風之什〉〈楚茨〉.

36) 간간(簡簡) : 복이 큰 모양. '降福簡簡 威儀反反' 《詩經》〈周頌 · 淸廟之什〉〈執競〉.

誕降嘉種[37)]
務玆稼穡
百穀用成
群黎徧德
我祀如何
其儀不忒[38)]
有相[39)]之道
介以景福

37) 탄강가종(誕降嘉種) : 좋은 종자를 내려 주시니, 검은 기장들이로다. '誕降嘉種 維秬維秠'《詩經》〈大雅 · 生民之什〉〈生民〉.

38) 특(忒) : 어긋나다. '淑人君子 其儀不忒'《詩經》〈曹風〉〈鳲鳩〉.

39) 상(相) : 돕다. '誕后稷之穡 有相之道'《詩經》〈大雅 · 生民之什〉〈生民〉.

3. 철변두(徹籩豆) 옹안지악(雍安之樂)

땅이 두텁다 하는 것은
만물이 모두 자라남일세
농사는 보배이니
길이 성숙됨을 보리로다
변과 두를 거두니
제사가 잘 갖추어졌도다
많은 복 내리시어
오래도록 수를 누려 강녕하게 하소서
謂地盖厚
品物咸亨
稼穡惟寶
永觀厥成[40]
徹我籩豆
祀事孔明
綏以多福
壽考[41]攸[42]寧

40) 영관궐성(永觀厥成) : 우리 손님이 이르렀으니, 음악의 마침을 길이 보시도다. '我客戾止 永觀厥成'《詩經》〈周頌 · 臣工之什〉〈有瞽〉.

41) 수고(壽考) : 오래 살다. '고(考)'는 '노(老)'를 의미한다.

42) 유(攸) : 어조사.

선농(先農)

선농 제례는 신농(神農) 혹은 전조(田祖)·염제(炎帝)에게 지내는 제사로 신라 시대에는 중농(中農)·후농제(後農祭)까지 올렸으나, 고려 시대 이후 선농제만 올리게 되었다. 중사(中祀)인 선농 제례는 적전제(籍田祭)라고도 하는데, 조선 성종 2년(983) 1월에 왕이 직접 밭을 갈고 제사 지낸 이후부터 친경(親耕)과 친사(親祀)의 전통이 생겼다. 선농 악장의 제작은 세종 6년(1424)에 이루어진 것으로 보이며, 전폐 1편, 초헌 정위(正位) 배위(配位) 각 1편, 철변두 1편으로 구성되어 있다.

1. 전폐(奠幣) 숙안지악(肅安之樂)

나무를 휘어 쟁기를 만들어서
모든 백성들에게 파종을 가르치셨도다
길이 우리에게 은혜 베풀었으므로
경건히 신에게 예를 올리도다
예물을 서로 번갈아 올리니
예의가 비로소 펴지도다
신을 믿고 우러르니
풍년의 상서로움이 연이어 이르게 하소서
揉木爲耒
播穀烝民
永維惠我
載[43]虔禮神
玉帛[44]交錯[45]
禮儀肇伸
有孚顒若[46]

---

43) 재(載) : 제사 지내다. ‘重耳若獲集德而歸載’《國語》.

44) 옥백(玉帛) : 제후가 천자에게 바치는 예물.

45) 교착(交錯) : 서로 겹치다.

豐祥荐臻[47]

46) 유부옹약(有孚顒若) : '부(孚)'는 '믿다'라는 뜻이다. '有孚顒若' 《周易》.

47) 천진(荐臻) : '천(荐)'은 '거듭하다', '진(臻)'은 '이르다'라는 뜻이다.

2. 초헌(初獻) 수안지악(壽安之樂)

① 정위(正位)

비로소 풀과 과실을 가리셨으니
아 깊도다 성인의 지혜여
백곡이 영그니
아 이것은 누가 주신 것인가
빈 잔에 술을 따르니
술도 많고 맛도 좋도다
신이 모두 취해
머물러 더욱 많은 복을 주소서
肇分草實
於穆聖智
白穀用成
繄[48]誰之賜
酌彼康爵[49]

---

48) 예(繄) : 어조사, '이'. '爾有母遺 繄我獨無'《春秋左氏傳》.

49) 강작(康爵) : '강(康)'은 '빈[虛]', '작(爵)'은 '잔[杯]'. 따라서 '빈 잔'을 의미한다.

酒多且旨
神具醉止
介[50]以繁祉

② 배위(配位)

때를 맞추어 백곡을 뿌리니
그 공덕 하늘에 짝할 만하도다
종향(從享)해 모시니
신들께서 오시도다
잔을 씻어 드리오니
예의에 어긋남이 없도다
신께서 즐겨 흠향하시고
풍년 들게 하소서
播時百穀
功配于天
其從與享
昭格[51]烝然
洗爵尊斝[52]

50) 개(介) : 묵다, 머무르다. '攸介攸止'《詩經》〈小雅 · 甫田之什〉〈甫田〉.

式禮莫愆[53]
神嗜飮食[54]
迄用康年[55]

---

51) 소격(昭格) : 신(神)의 자리 · 차례.

52) 가(斝) : 술잔. '洗爵奠斝 醓醢以薦'《詩經》〈大雅 · 生民之什〉〈行葦〉.

53) 건(愆) : 허물이 있다. '我孔熯矣 式禮莫愆'《詩經》〈小雅 · 谷風之什〉〈楚茨〉.

54) 신기음식(神嗜飮食) : 향을 피워 정성스럽게 제사 올리니 신께서 기쁘게 음식을 드시도다. '苾芬孝祀 神嗜飮食'《詩經》〈小雅 · 谷風之什〉〈楚茨〉.

55) 흘용강년(迄用康年) : 지금까지 풍년을 주시도다. '迄用康年'《詩經》〈周頌 · 臣工之什〉〈臣工〉.

3. 철변두(徹籩豆) 옹안지악(雍安之樂)

청주(淸酒)는 향기롭고
희생은 매우 크도다
예의가 이루어지고 음악이 갖추어졌으니
사람과 신이 즐거워하도다
이미 신께서 흠향하셨으니
변과 두를 거두겠나이다
길이 그 구성[56]을 보리니
예를 갖추어 실행하매 어김이 없도다
淸沽惟馨
嘉牲孔碩
禮成樂備
人和神悅
旣右享之[57]
籩豆惟徹
永觀厥成

56) 구성(九成) : 아홉 곡이 끝나는 것. 구변(九變)이라고도 한다.

57) 기우향지(旣右享之) : 복을 내려 주신 문왕께서는 오른쪽에 계시어 흠향하시리라. '伊嘏文王 旣右享之'《詩經》〈周頌 · 淸廟之什〉〈我將〉.

率履[58]無越

58) 솔리(率履) : 예를 갖추다.

선잠(先蠶)

선잠 제례는 황제(黃帝)의 비인 서릉씨(舒陵氏)에게 지내는 제사로 대개 선농제와 더불어 지냈다. 선농제를 끝내고 왕이 친경을 행한 것처럼, 왕비도 선잠제를 끝내고 친잠(親蠶)을 행한 것으로 보인다. 선잠 악장의 제작은 세종 6년(1424)에 이루어진 것으로 보이며, 전폐 1편, 초헌 1편, 철변두 1편으로 되어 있다.

1. 전폐(奠幣) 숙안지악(肅安之樂)

엄연히 임하오시니
오직 그 신위(神位)로다
폐백을 공손히 받드니
예의가 다 갖추어졌도다
매우 순조롭고 때에 알맞으니
재물을 바쳐 올리기도 하고 차리기도 하도다
신께서 편안히 내려오시니
이 제사를 흠향하소서
儼乎其臨
惟神之位
奉幣惟寅[59]
禮儀既備
孔惠孔時
或將[60]或肆[61]

---

59) 인(寅) : 공손히 하다. 삼가다. '寅賓出日'《書經》.

60) 장(將) : 받들어 나가다[捧持而進].

61) 사(肆) : 진설하다(陳). '或肆或將 祝祭于祊'《詩經》〈小雅 · 谷風之什〉〈楚茨〉.

神其降康
歆我祀事

2. 초헌(初獻) 수안지악(壽安之樂)

나라에서 뽕을 가꾸어 누에 치는 잠실은
옛날부터 이와 같이 했도다
백성들이 그 은덕을 받은 것은
신께서 덕을 베푸심이로다
공을 보답하려 제사를 지냄에
예에 마땅하게 했도다
멀리서 물을 길어
신이 내려오시기를 빕니다
公桑蠶室
振古[62]如玆[63]
民受其賜[64]
維德之施
報功以祀
式禮攸宜

---

62) 진고(振古) : 옛날부터.

63) 진고여자(振古如玆) : 이와 같은 풍년이 올해만이 아니라, 예로부터 이와 같이 떨쳤도다. '匪今斯今 振古如玆' 《詩經》 〈周頌 · 閔予小子之什〉 〈載芟〉.

64) 사(賜) : 은덕.

泂酌行潦[65)]

以祈格思[66)]

65) 형작행료(泂酌行潦) : '형(泂)'은 '멀리[遠]', '행료(行潦)'는 '길바닥에 괸 물'. 제사에 정성을 다하는 모양을 이른다. '泂酌彼行潦'《詩經》〈大雅 · 生民之什〉〈泂酌〉.

66) 이기격사(以祈格思) : '격(格)'은 '지극함', '사(思)'는 어조사. '莫予云覯 神之格思'《詩經》〈大雅 · 蕩之什〉〈抑〉.

3. 철변두(徹籩豆) 옹안지악(雍安之樂)

변과 두를 벌여 놓으니

제사가 성대히 갖추어졌도다

예는 삼헌에 이루어지고

악은 구성을 연주하는도다

신이 이미 기뻐하시니

끝내 화락하고 평안하도다

철상을 더디게 않으니

만복이 이르러 편안하리로다

籩豆有踐

祀事孔明

禮成三獻[67)]

樂奏九成

神旣燕喜

終和且平

載徹不遲

萬福來寧

67) 삼헌(三獻) : 초헌, 아헌, 종헌.

우사(雩祀)

우사 제례는 구망(句芒), 욕수(蓐收) 현명(玄冥), 축융(祝融), 후토(后土), 후직(后稷) 등에게 비를 기원하는 중사(中祀)다. 이 제사는 삼국 시대부터 각각 혹은 다른 제사와 합사되었으며 조선 세종 12년(1430)에 이르러 우사제와 악장이 정비된 것으로 보인다. 악장은 전폐 1편, 초헌 〈구망〉 〈축융〉 〈후토〉 〈욕수〉 〈현명〉 〈후직〉 각 1편, 철변두 1편 등으로 되어 있다.

1. 전폐(奠幣) 숙안지악(肅安之樂)

밝은 신명이시여
덕은 하늘에 짝할 만하도다
모든 백성을 도우심은
만년까지 하리로다
덕을 이어받아 제사를 지내면서
광주리에 폐백을 담아서 바치도다
비나니 도와주시어
끝없이 우리에게 은혜를 베푸소서
赫[68]哉明神
克配彼天
佑我烝民
於萬斯年
聿修[69]祀事
承筐是將
庶幾佑之
惠我無疆[70]

---

68) 혁(赫) : 빛나다, 드러나다[顯].

69) 율수(聿修) : 선인의 덕을 이어받아 닦음.

70) 혜아무강(惠我無疆) : 우리에게 끝없이 베푸신 은혜로다. 《詩經》〈周頌 · 淸廟之什〉〈烈文〉.

2. 초헌(初獻) 수안지악(壽安之樂)

① 구망(句芒)[71]

크시도다 지극한 덕이여
봄을 다스려 어짊을 베푸시도다
세 가지 농사를 시작하니
만 가지 농사가 새로워라
바르고 지체 없이 해서
정성을 다해 제물을 진설했도다
나의 명신[72]을 살피시어
모든 백성을 먹이게 하소서
皇矣至德
司春布仁
三農[73]攸始

71) 구망(句芒) : 서방(西方)의 신 소호의 아들로 이름은 중(重)이며, 새의 몸에 사람 얼굴을 하고 있는 목신(木神)이다.

72) 명신(明信) : 마음이 밝고 성실함.

73) 삼농(三農) : 평지농(平地農), 산농(山農), 택농(澤農) 혹은 원농(原農), 습농(濕農), 평지농(平地農).

萬寶更新
旣齊旣稷
行潦斯陳
諒我明信
立我烝民

② 축융(祝融)[74]

바로 남방에 자리를 잡은
불을 다스리는 정령(精靈)이로다
이에 여름의 영(令)을 시행하니
만물이 형통하도다
크도다 신의 공덕이여
만세에 정성으로 우러러보도다
이에 제사를 받드오니
오시어 편안하게 하시기 바라옵니다
正位乎南
司火之精
載行夏令

74) 축융(祝融) : 여와(女媧) 시대의 화신(火神).

品物光享
大哉神功
萬世仰成[75]
是用享祀
庶幾來寧

③ 후토(后土)[76]

아! 환하게 빛나도다 두터운 덕이
하늘의 조화를 받아 빛나도다
만물을 성숙시켜
끝없이 우리에게 은혜를 베푸시도다
제향을 드리오니
악기 소리가 쟁쟁하도다
오시기를 바라오니
많은 복을 내려 주소서

---

75) 성(成) : 정성, 참으로, 기대하다[誠]. '成不以富 亦祇以異'《詩經》〈小雅 · 鴻鴈之什〉〈我行其野〉.

76) 후토(后土) : 토지를 맡아 다스린다는 신.

於昭厚德
承天化光
實成庶物
惠我無疆
以享以祀[77]
磬管鏘鏘
庶其格思
降福穰穰[78]

④ 욕수(蓐收)[79]

만물을 이롭게 하는 덕은
농사의 결실을 주재하도다
곡식이 창고까지 쌓여 언덕처럼 높은 것은
오로지 신명에 의지함이로다
덕을 이어받아 제사를 지내오니

---

77) 이향이사(以享以祀) : 술 빚고 밥을 지어 제사를 지내도다. '以爲酒食 以享以祀'《詩經》〈小雅 · 谷風之什〉〈楚茨〉.

78) 양양(穰穰) : 복이 많은 모양.

79) 욕수(蓐收) : 소호의 아들로 이름은 해(諧)이며, 동방 천제가 되었다. 또 금신(金神)으로 태양의 빛과 천상의 형벌을 담당했다.

서직이 향기롭도다

아름답게 위에 계시면서

그 영험함을 빛내 주소서

利物之德

實主西成[80]

茨粱坻京[81]

惟賴神明

聿修[82]禋祀

黍稷惟馨

洋洋[83]在上

以赫厥靈

80) 서성(西成) : 가을에 오곡백과가 익는 일. 서(西)는 오행 중 가을을 뜻한다.

81) 자량지경(茨粱坻京) : '자(茨)'는 '지붕을 덮는 것[屋蓋]', '량(粱)'은 '수레의 끌채[粱輈]', '지(坻)'는 '물 가운데 높은 땅', '경(京)'은 '높은 언덕[高丘]'을 뜻한다. 이는 곡식이 많이 있음을 가리킨다. '曾孫之稼 如茨如粱 曾孫之庾 如坻如京' 《詩經》〈小雅 · 甫田之什〉〈甫田〉.

82) 율수(聿修) : 선인의 덕을 이어받아 닦음.

83) 양양(洋洋) : 훌륭하고 아름다운 모습.

⑤ 현명(玄冥)[84]

기는 겨울에 응하고

자리는 북쪽에 있도다

만물의 시작과 완성됨은

그 덕을 곧게 했기 때문이도다

변과 두가 이미 진설되었고

종과 북소리 우렁차도다

오시어 흠향하시고

모든 곡식이 잘 익게 하소서

氣應於冬

位居乎北

終始品物

聿貞厥德

籩豆旣踐

庸鼓有斁[85]

來燕來寧[86]

---

84) 현명(玄冥) : 전욱의 신하로 우강(禺强)이라고도 하며, 바다와 바람의 신이다.

85) 용고유역(庸鼓有斁) : '용(庸)'은 '쇠북[鏞]', '역(斁)'은 '소리가 성한 모양'이다. '庸鼓有斁 萬舞有奕'《詩經》〈商頌〉〈那〉.

86) 내연래녕(來燕來寧) : 부예(鳧鷖)가 경수(涇水)에 계시거늘, 공시(公

登[87]我白穀

⑥ 후직(后稷)[88]

제때에 맞게 백곡의 씨를 뿌려
모든 백성 먹게 했도다
공덕이 하늘에 짝할 만해
크게 후인에게 은혜 베푸시도다
날을 받고 재계(齋戒)해
경건히 제사를 받들도다
강림하시어 흠향하시고
순연한 복을 내려 주소서
播時百穀
立我烝民
功配于天

尸)가 와서 잔치에 와서 편안히 계시도다. '鳧鷖在涇 公尸來燕來寧'《詩經》〈大雅 · 生民之什〉〈鳧鷖〉.

87) 등(登) : 곡식이 익다.

88) 후직(后稷) : 농경신(農耕神)으로 오곡의 신이기도 하다. 성(姓)은 희(姬), 이름은 기(棄). 요제(堯帝) 때 농관(農官)이 되고 태(邰)에 책봉되어 후직이 되었다.

駿惠後人
載謀載惟[89]
庸蕆[90]明禋
庶右享之
降福維純

89) 재모재유(載謀載惟) : '모(謀)'는 '택일(擇日)', '유(惟)'는 '재계(齋戒)'. '載謀載惟'《詩經》〈大雅 · 生民之什〉〈生民〉.

90) 천(蕆) : 경계하다. '以蕆陳事'《春秋左氏傳》.

3. 철변두(徹籩豆) 옹안지악(雍安之樂)

신의 덕에
온 백성이 의지하도다
변과 두가 정갈하고 좋으니
이에 흠향하시기에 마땅하도다
신께서 모두 취하시니
상을 물림이 더디지 않도다
큰 복으로 갚아 주시되
법식대로 제때에 내려 주소서
惟神之德
兆民賴之
籩豆靜嘉[91]
是享是宜
神具醉止
廢徹不遲
報以介福
如式如期[92]

---

91) 변두정가(籩豆靜嘉) : 어찌 그리 좋은 말씀이신지, 변과 두의 제물도 훌륭하도다. '其告維何 籩豆靜嘉'《詩經》〈大雅 · 生民之什〉〈旣醉〉.

92) 여식여기(如式如期) : 너에게 많은 복을 내리기를, 기약한 듯이 법과 같도다. '卜爾百福 如幾如式'《詩經》〈小雅 · 谷風之什〉〈楚茨〉.

문소전(文昭殿)

문소전은 조선의 정묘(正廟)인 종묘(宗廟) 이외 왕의 가묘인 원묘(原廟)를 가리킨다. 문소전 제례는 대사(大祀)로 거행하며 사시(四時)와 한식 추석 등의 명절에도 제사를 올리나, 납일(臘日)에는 종묘에서는 제사를 올리지만 문소전에서는 지내지 않는다. 중종 이후 원묘는 종묘와 이중묘(二重廟)가 되므로 원칙에 위배된다 해서 폐지 주장이 있었고, 결국 임진왜란 때 문소전이 화재로 소실되자 더 이상 제사를 지내지 않았다. 문소전 악장은 초헌 5실에 〈환환곡(桓桓曲)〉, 〈미미곡(亹亹曲)〉, 〈목목곡(穆穆曲)〉, 〈오혁곡(於赫曲)〉, 〈황의곡(皇矣曲)〉, 아헌 5실에 〈유황곡(維皇曲)〉, 〈유천곡(維天曲)〉, 〈오황곡(於皇曲)〉, 〈유상곡(維上曲)〉, 〈유아곡(維我曲)〉, 그리고 종헌에 〈정동방곡(靖東方曲)〉 등으로 되어 있다. 이 가운데 정도전이 지은 〈정동방곡〉 외에는 모두 성종 때 지은 것으로 보이나 작자를 알 수 없다.

1. 초헌(初獻)

① 일실(一室) 환환곡(桓桓曲)[93]

굳건하신 태조께서
천명을 받으심이 넓고 크시도다
공덕은 옛 성현만큼 빛나고
부절은 아름다운 상서로움에 응하셨도다
하늘과 사람이 서로 협력해 도우니
동방에 계시게 되었도다
계책을 남기어 후손에게 넉넉하게 하시니
우리에게 주신 은혜 끝이 없도다
桓桓聖祖
受命溥[94]將
功光古昔
符應休祥
天人協順
奄有東方

---

93) 환환곡(桓桓曲) : 태조의 업적을 찬양한 노래.

94) 보(溥) : 넓다.

貽謀裕後
惠我無疆

② 이실(二室) 미미곡(亹亹曲)[95)]

부지런히 노력하시는 태종이시여
진실로 하늘이 내신 한 분이시도다
태조를 도우시어
빛나는 업적을 이루셨도다
이미 무공을 떨치고
크게 문덕을 여셨도다
신이한 무공과 성덕이
융성한 태평성대를 길이 여실 것이로다
亹亹太宗
天實篤生
扶翼聖祖
景業以成
旣揚武烈
丕闡文明

95) 미미곡(亹亹曲) : 태종의 업적을 찬양한 노래.

神功聖德
永啓隆平

③ 삼실(三室) 목목곡(穆穆曲)[96]

너그러운 세종이시여
천명을 받은 기틀 닦으심에 넓고 깊게 정성을 다하도다
예를 갖추고 음악을 조화시킴에
조상의 뜻 이어받아 빛내셨도다
성덕이 몸에 있어
깊은 인덕으로 온 백성 기르셨도다
아 만년에 이르도록
공적을 길이 빛내 주소서
穆穆世宗
基命宥密[97]

96) 목목곡(穆穆曲) : 세종의 업적을 찬양한 노래.

97) 기명유밀(基命宥密) : 왕이 되어서도 편안하지 못하고, 밤낮없이 천명을 좇아 애쓰시도다. '成王不敢康 夙夜基命宥密'《詩經》〈周頌 · 淸廟之什〉〈昊天有成命〉.

禮備樂和
克光繼述
聖德在躬
深仁育物
於萬斯年
永昭休烈

④ 사실(四室) 오혁곡(於赫曲)[98]

아 빛나는 세조께서는
하늘이 내린 성스럽고 현명한 분이로다
난을 평정하고 위업(偉業)을 보전하시니
무공을 비길 데 없도다
융성한 태평성대를 빛나게 밝히시어
끝없는 복을 내리시도다
아 높은 덕을
길이 잊지 못하리로다
於赫世祖
天縱聖哲

98) 오혁곡(於赫曲) : 세조의 업적을 찬양한 노래.

定難保大
無競惟烈[99]
光闡隆平
垂裕無疆
嗚呼巍蕩
永世不忘

⑤ 오실(五室) 황의곡(皇矣曲)[100]

위대하신 예종께서는
예지롭고 문덕 있으며 현명하시도다
공덕으로 화육[101]하시고
은택은 온 백성에게 흡족했도다
조종의 뜻을 잘 이어받아
끝없는 복을 내리시도다
아 어찌 드러나지 않으리오

---

99) 무경유열(無競惟烈) : 굳건히 나라를 맡으신 무왕이시여, 비할 바 없이 굳세도다. '執競武王 無競維烈'《詩經》〈周頌 · 淸廟之什〉〈執競〉.

100) 황의곡(皇矣曲) : 예종의 업적을 찬양한 노래.

101) 화육(化育) : 하늘과 땅의 자연스러운 이치(理致)로 모든 물건을 만들고 기른다.

그 덕택과 그 빛남이여

皇矣睿宗
濬哲文明
功參化育
澤洽群生
善繼善述
垂裕無疆
嗚呼不顯
之德之光

2. 아헌(亞獻)

① 일실(一室) 유황곡(維皇曲)

하늘이
온 세상을 살피시는데
우리 백성을 돌보시도다
덕 있는 자를 내어 그를 돕고 인도하시어
신명(神命)과 사람을 주관하게 했도다
나라를 화목히 하고 백성의 재물을 풍성히 했으니
깊은 인덕을 기리도다
고려의 운명이 끝날 즈음에
백성들이 재앙에 근심하니
동서로 정벌해
사방을 편안하게 하셨도다
꿈과 상서(祥瑞)가 서로 맞아서
공덕이 시대를 풍미(風靡)했으니
크고도 큰 천명을
끝내 사양하기 어려웠도다
창업하신 큰 규모는

아득한 역사 선인들보다 월등하니
밝도다 앞으로 대를 이어
영원토록 전하리로다
비로소 제사를 시작해
오늘날의 성과가 있었으니
아 천만년이 지나도록
나라의 태평을 이루게 해 주소서
維皇天
監四國
眷東民
啓佑有德
俾主神人
熙熙102)民物103)
仰深仁
麗運將終
民罹禍殃
東征西討
寧四方
夢協符祥
功蓋一時

102) 희희(熙熙) : 화목한 모습.

103) 민물(民物) : 백성의 재물.

假哉天命
終難辭
創業宏模
夐越古先
昭哉來許[104)]
永相傳
肇修禋祀
迄用有成[105)]
於千萬年
致昇平

② 이실(二室) 유천곡(維天曲)

하늘의 뜻은
덕성 있는 사람을 돌보시어
번창할 시대를 열어 주시었도다

---

104) 소재내허(昭哉來許) : 앞으로 다가올 날을 밝혔도다. '昭茲來許'《詩經》〈大雅 · 文王之什〉〈下武〉.

105) 흘용유성(迄用有成) : 맑은 기운 계속해서 빛을 발하네, 문왕의 법칙들이, 처음 하늘에 제사한 뒤로, 그것이 지금까지 이루었나니, 이는 주나라의 복이옵니다. '維淸緝熙 文王之典 肇禋 迄用有成 維周之禎'《詩經》〈周頌 · 淸廟之什〉〈維淸〉.

성스럽고 현명한 사람을 오로지 내셨으니
[하늘이 그를] 임금이자 스승으로 삼게 했도다
[태종께서] 하늘의 복을 받아
왕업의 기틀을 튼실히 하셨도다
태조를 추대해서
나라를 열고 왕업을 일으켜
백성을 편안하게 하고 세상을 도탄에서 구했으니
그 공이 더욱 빛나도다
대통 이를 자를 존숭해
화의 근원을 수차례 평정하시니
사람의 마음과 하늘의 뜻이
끝내 돌아갈 곳을 얻었도다
은택은 백성에게 모두 흡족하고
위엄은 사방의 오랑캐들에게 떨쳤도다
이에 예악을 일으켜
길이 전하셨도다.
아 천상에서는 밝은 빛으로
거듭 끝없는 복을 내려 주시니
면면히 제사가
하늘과 함께 길게 해 주소서
維天心

眷有德
啓昌期
篤生聖哲
作之君師
旣受帝祉
隆丕基
推戴聖祖
開國興王
安民濟世
功益光
尊崇嫡嗣[106)]
重靖禍機
人心天意
終有歸
澤洽生靈
威振夷戎
爰興禮樂
垂無窮
於昭在上
申錫無疆
綿綿宗祀
與天長

106) 적사(嫡嗣) : 정실에 태어난 계승자.

③ 삼실(三室) 오황곡(於皇曲)

하늘이
우리나라를 돌보시어
현명한 왕을 내셨도다
훌륭하신 우리 임금
공경스럽고 아름답도다
선대의 업을 계승해
나라가 창성했도다
열성조(列聖祖)를 거듭 빛내 밝히시고
후손을 도와 이끌었도다
우러나는 마음으로 우애하고
종친을 가까이 하셨도다
제사를 잘 갖추어
효도로 법을 삼으니
자손에게 베풀어 주기를
영원하도록 내려 주소서
대국을 섬기고 이웃 나라와 교제하기를
신뢰와 성심으로 하시고

예와 악을 제정하시어

태평성대를 이루셨도다

조령(祖靈)께서 하늘에서 오르내리시며 상제(上帝)의 좌우에서 계셔서

거듭 끝없는 복을 내려 주시도다

아 선대의 왕들을

전왕을 잊을 수가 없도다

於皇天

眷東方

有哲王

烝哉我后

穆穆皇皇[107]

纘承丕緖

邦乃昌

宣昭[108]重光

啓佑後人

因心則友[109]

---

107) 목목황황(穆穆皇皇) : 공경스럽고 아름다워 임금답도다. '穆穆皇皇 宜君宜王'《詩經》〈大雅 · 生民之什〉〈假樂〉.

108) 선소(宣昭) : 좋고 옳은 말이 빛나시니, 은나라 흥망이 하늘에 있음을 알겠도다. '宣昭義問 有虞殷自天'《詩經》〈大雅 · 文王之什〉〈文王〉.

篤親親

祀事孔明

孝思維則[110]

施于孫子

彌千億

事大交隣

以信以誠

制禮作樂

致太平

陟降左右[111]

申錫無疆

於戲前王

不可忘

---

109) 인심칙우(因心則友) : 이 왕계께서는 우애로운 마음을 가지셨도다. '維此王季 因心則友.'《詩經》〈大雅 · 文王之什〉〈皇矣〉.

110) 효사유칙(孝思維則) : 그 효도는 옛 성군을 본받으셨도다. '孝思維則'《詩經》〈大雅 · 文王之什〉〈下武〉.

111) 척강좌우(陟降左右) : 문왕께서 하늘을 오르고 내리며, 상제의 좌우에 계시도다. '文王陟降 在帝左右'《詩經》〈大雅 · 文王之什〉〈文王〉.

④ 사실(四室) 유상곡(維上曲)

상제께서
큰 덕 있는 이를 돌보시어
동방 백성을 안무[112]하게 하셨도다
아 위대하신 우리 임금
새로이 천명을 받으시니
무공으로 평정하고 문덕으로 다스려
창성한 시대를 여셨도다
교화는 두텁고 책략은 위대하니
모든 물품 풍부하고 백성은 평안하도다
규범(規範)을 펴시니
후손에게 끼친 계책 무궁하도다
지성으로 대국을 섬기어
문득 총애받음이 적지 않도다
은혜와 위엄 멀리까지 미치니
산 넘고 물 건너 다투어 오도다
예와 악이 다 갖추어졌고
지극히 다스려진 향기가 멀리 이르니

---

112) 안무(按撫) : 백성의 사정을 살펴서 어루만져 위로하다.

삼령이 거듭 복을 내리사

아름다운 일이 겹치도다

아 하늘에까지 밝히시니

끝없이 복을 주시도다

아 천만년토록

제사를 받으소서

維上帝

眷大德

撫東民

於皇我后

受命維新[113]

武定文治

開昌辰

化隆大猷[114]

物阜民康

昭揭典則

貽謨長

事大克誠

便蕃寵章

---

113) 수명유신(受命維新) : 주나라가 비록 오래되었으나, 천명을 새롭게 했도다. '周雖舊邦 其命維新'《詩經》〈大雅 · 文王之什〉〈文王〉.

114) 유(猷) : 꾀. 책략.

恩覃威遠

爭梯航

禮樂明備

至治馨香

三靈[115]薦祉

騈嘉祥

於昭于天

錫美無疆

緊千萬祀

享蒸嘗

⑤ 오실(五室) 유아곡(維我曲)

우리 임금께서

천명을 받아

우리나라를 안무(按撫)하셨도다

온화하고 위대하며

아름답고 아름다운 군왕이시도다

선왕의 업을 크게 받들어 계승해

115) 삼령(三靈) : 천(天), 지(地), 인(人)의 신 혹은 일(日), 월(月), 성신(星辰)을 이르는 말이다.

또다시 빛내시도다
성스러움은 하늘이 내리셨고
학문은 나날이 새로이 나아가니
높고 높은 성덕(盛德)은
비할 데가 없도다
정성을 다해 다스림에 힘쓰니
선왕의 업을 보전하시도다
문덕과 무공으로
융성함과 태평을 이루었도다
어진 사람을 등용하고 슬기로운 사람을 중용하며
상 받을 사람과 벌 받을 사람을 분명히 하니
선왕의 업을 계승하고 자손을 인도하심이
빠짐이 없도다
아 깊은 청묘(淸廟)에
제례가 잘 갖추어졌도다
억만년토록
칭송의 소리 점점 커져 가리로다
維我后
膺景命
撫東方
穆穆皇皇

宜君宜王

丕承令緖

宣重光

聖維天縱

學自日新

巍巍盛德

無與倫

勵精圖治

持盈守成

文謨武烈

底隆平

登賢用能

明賞信罰

紹述啓佑

咸罔缺

於穆淸廟[116]

祀事孔明

億萬斯年

駿有聲

---

116) 오목청묘(於穆淸廟) : 아아 그윽하고 깨끗한 묘당에, 경건하고 온화한 덕이 높은 제자들이여. '於穆淸廟 肅雝顯相'《詩經》〈周頌 · 淸廟之什〉〈淸廟〉.

3. 종헌 정동방곡(靖東方曲)

〈정동방곡〉은 태조 2년(1393) 7월 26일에 정도전(鄭道傳, 1342~1398)이 지어 올린 것으로, 세종 14년(1432)에는 원묘(原廟)의 종헌 악장으로 사용했다. 이후 단종 1년(1453)에는 태조, 태종, 세종, 문종의 종헌 악장으로, 성종 12년에는 문소전(文昭殿) 종헌 악장으로 쓰였다. 그리고 군례(軍禮)인 둑제(纛祭)에서도 종헌으로 사용되었다. 이처럼 〈정동방곡〉은 특정 의식에 고정된 노래가 아니라 가사가 특정되지 않은 제례에서 종헌 악장으로 사용된 것으로 보인다.

우리나라는
바닷가에 있어
저 교활한 아이가
임금의 자리를 빼앗았구나
아 우리 임금의 덕성이 성함이여

사특하고 방자한 꾀로

군사를 일으켜
재앙이 극에 달했으니
평정할 사람 누구였겠는가
아 우리 임금의 덕성이 성함이여

하늘이 덕성 있는 사람을 도와
의로운 깃발을 돌려
죄 있는 자는 쫓아내고
반역한 자는 멸하셨도다
아 우리 임금의 덕성이 성함이여

황제가 이에 기뻐해
멀리서 은혜를 베푸시어
군대로써 나라를 세우시고
우리에게 알려 주셨도다
아 우리 임금의 덕성이 성함이여

아 백성과 사직이
돌아갈 곳이 있으니
천만년 동안
끝없이 전하소서

아 우리 임금의 덕성이 성함이여

緊東方

阻[117]海陲

彼狡童[118]

竊天機[119] ᄒᆞ니이다

偉東王德盛

肆狂謀

興戎師

禍之極

靖者誰어니오

偉東王德盛

天相德

回義旗[120]

罪其黜

逆其夷ᄒᆞ샷다

偉東王德盛

---

117) 조(阻) : 경계(境界).

118) 교동(狡童) : 교활한 아이. '不見子充 乃見狡童'《詩經》〈鄭風〉〈山有扶蘇〉. 여기서는 고려 우왕(禑王, 1364~1389)을 가리킨다.

119) 천기(天機) : 임금의 자리.

120) 회의기(回義旗) : 위화도 회군(回軍)을 말한다.

皇乃懌[121]
覃[122]天施
軍以國
俾我知ᄒᆞ샷다
偉東王德盛

於民社
有攸歸
千萬世
傳無期ᄒᆞ쇼셔
偉東王德盛

121) 역(懌) : 기뻐하다.

122) 담(覃) : 멀리까지 미치다.

연은전(延恩殿)

연은전은 성종의 생부인 의경세자[懿敬世子, 덕종(德宗)]의 신위를 모신 곳이다. 원래 이곳은 의경세자가 머물던 별전(別殿)이었는데, 성종 6년(1475)에 연은전이라 하고 덕종의 위판(位版)을 봉안했다. 《악학궤범》의 기록에 따르면, 연은전 제례의 제일(祭日)과 음악은 문소전과 같다. 연은전 악장은 초헌 〈오목곡(於穆曲)〉, 아헌 〈유황곡(維皇曲)〉 그리고 종헌 〈유아곡(維我曲)〉 등으로 되어 있다.

1. 초헌 오목곡(於穆曲)

아 온화하신 우리 왕이시여
그 덕이 하늘과 같도다
자손에게 복을 전하셨으니
그 경사 두텁도다
길이길이 받드는 마음으로
제사를 지냄에 어김이 없도다
천만년토록
영원히 큰 복을 주옵소서
於穆我王
配天其德
垂裕後人
其慶則篤
永言孝思
享祀不忒
萬有千歲
永錫遐福

2. 아헌 유황곡(維皇曲)

하늘이
우리나라를 돌보시어
성왕(聖王)을 내셨도다
덕과 인을 쌓아
자손을 인도해 주시어
오늘에 이르러도 천명이 새롭기만 하도다
엄숙한 묘당이
정숙하고 청결해
신주를 모시니 신이 편하게 여기시도다
조령(祖靈)께서 이곳에 오르내리며
좌우에 항상 계신 듯하니
우리에게 그들의 찬란한 업적을 생각하게 해 주시도다
변과 두를 차렸고
제물(祭物)이 향기로우니
신께서 강림하사 우리가 차린 제사를 살펴 흠향하소서
복을 모두에게 내리시기를
억만년까지 해
자자손손에 이르도록 끝없이 누리게 하소서

維皇天
眷東方
生聖神
積德累仁
啓佑後人
式至今休命維新
有嚴廟貌
載仙載淸
于以妥之神所寧
陟降在玆左右洋洋
賚我思成[123]有烈光
籩豆有踐
黍稷維香
來享來格顧烝嘗[124]
降福孔皆
時萬時億
子子孫孫保無極

123) 뇌아사성(賚我思成) : 원컨대 우리에게 복을 주소서. '賚我思成'《詩經》〈商頌〉〈烈祖〉.

124) 증상(烝嘗) : 제사.

3. 종헌 유아곡(維我曲)

우리 임금은
하늘이 내셨도다
크게 드러난 덕은
아 너무나 훌륭해 표현하기 어렵도다
선함으로 사방을 바로잡으시니
좋은 명성이 빛나게 드러나도다
성신으로부터
본받으시어
자손을 창성케 하시고
자손을 편하게 하시니
자손이 번성하는 경사가
천만년토록 이어 가게 하소서
빛나는 새로운 묘당은
아름답고 웅장하도다
서직을 받들어
정성스럽게 제사를 갖추어 올립니다
여기에 계시는 듯 어렴풋이 소리 들리니
향기로운 제물을 흠향하소서

모든 예는 갖추고
북과 종을 늘어놓았도다
분주하게 오고 가되
엄숙하고 화평하도다
만세토록 그 음악의 완결을 볼 것이니
북과 종소리 크고도 낭랑하도다
아 빛나는 신령께서
여기 계신 듯하도다
이미 오른편에 계시어 흠향하시기를
싫어하지 않으시니
복을 내리심이 어찌 크지 않으리오
영원토록 번성하게 하시리로다
維我后
天篤生
丕顯德
繄難名
元良[125]貞四方
義問昭彰
聖且神
孝維則

---

125) 원량(元良) : 큰 선덕(善德) 혹은 아주 선량한 사람.

昌厥後

以燕翼[126]

瓜瓞慶綿綿[127]

於千萬年

赫新廟

於奐輪

承大饎

蕆精禋

著存郪僾有聞

歆我苾芬

洽百禮

設鼓鍾

駿奔走

肅以雝

萬世觀厥成

喤喤厥聲[128]

於赫靈

如在玆

---

126) 연익(燕翼) : 조상이 자손을 편안하게 살도록 도움.

127) 과질면면(瓜瓞綿綿) : 오이가 계속 열린다는 뜻으로 자손이 번성함을 말한다.

128) 황황궐성(喤喤厥聲) : 아름다운 그 소리 엄숙하고도 조화롭도다. '喤喤厥聲 肅雝和鳴'《詩經》〈商頌 · 臣工之什〉〈有瞽〉.

既右享[129]

無斁斯

錫嘏豈不那

俾熾俾遐

129) 기우향(旣右享) : 위대하신 문왕께서는 이 몸을 도우시고 흠향하소서. '伊嘏文王 以右享(饗)之'《詩經》〈商頌 · 淸廟之什〉〈我將〉.

소경전(昭慶殿)

소경전은 성종의 비인 공혜왕후(恭惠王后)의 신위를 모신 곳이다. 공혜왕후는 한명회(韓明澮)의 딸로 성종이 즉위(1469)하자 왕비로 책봉되었다. 이후 1474년에 죽자 '공혜(恭惠)'의 시호가 추증되었다. 《악학궤범》의 기록에 따르면, 소경전 제례는 제일(祭日)과 음악은 문소전과 같다. 소경전 악장은 초헌 〈의여곡(猗與曲)〉, 아헌 〈유상곡(維上曲)〉 그리고 종헌 〈숙성곡(淑聖曲)〉 등이다.

1. 초헌 의여곡(猗與曲)

아름답고 어진 왕후께서는
덕으로 본성을 이루셨도다
하늘과 짝해서 배필이 되시고
해와 함께 밝으셨도다
유순한 덕을 안에서 쌓으시어
그 아름다움이 밖으로 드러나셨도다
덕화가 나라에 행해져
아 천만년 동안 이어지리로다

猗歟賢后
德本性成
配天作合[130)]
與日爲明
柔順中積
英徽外宣
化行邦國
於千萬年

130) 배천작합(配天作合) : '文王初載 天作之合' 《詩經》〈大雅 · 文王之什〉〈大明〉.

2. 아헌 유상곡(維上曲)

상제께서
성모(聖母)을 내셨도다
초년을 돌아보매
공경의 가문에 [태어나게 하는] 경사를 주어
임금의 배필로 삼게 했도다
맑은 덕과 아름다운 자태는
천녀(天女)와 같도다
덕행으로 임금을 도우니
현명함이 해를 향하는 듯하도다
부도(婦道)를 갖추매 허물이 없도다
검약함으로 우임금을 돕듯이
부지런함으로 요임금을 받들듯이
밤낮으로 경계해 덕용(德容)이 빛나도다
도산씨[131]가 하나라 우임금을 돕듯이
태임[132]이 태강[133]을 따르듯이

---

131) 도산씨(塗山氏) : 우임금의 비.

132) 태임(太任) : 주나라 문왕의 어머니로, 왕계(王季)의 비.

아 드러난 미덕 먼 곳까지 빠르게 이름났도다

왕비로서 모범을 보이시니

역사에 이름을 드날렸도다

억만년 동안 영원히 명성 있으리로다

維上帝

降聖人

睠初載

稟慶卿門

儷極作配

淑德婉容

俔天妹

順爲承乾

明維遡日

坤道克成靡有失

儉以贊禹

勤以承堯

夙夜儆戒德音昭

塗山翼夏

太任媚姜

於顯厥美遠齊芳

椒宮[134]垂範

---

133) 태강(太姜) : 주나라 문왕의 할머니로, 고공단보(古公亶父, 太王)의 비.

彤史揚名
億萬斯年永飛聲

134) 초궁(椒宮) : 아름답고 향기로운 왕비.

3. 종헌 숙성곡(淑聖曲)

아 맑고 성스러움은
타고난 기품이로다
규예(嬀汭)에서 오시듯이[135)]
주(周)나라 왕비 되시듯이[136)]
아름다운 본보기는 대궐에 으뜸이시고
유적[137)]은 빛이 나도다
덕을 행해 나타내심에
임금을 도우시고
예법을 따라 행하심에
법도에 어긋남이 없도다
엄숙하고 온화하게 내치를 이루시니

---

135) 규예(嬀汭)에서 오시듯이 : 요임금의 두 딸인 아황(娥皇)과 여영(女英)이 규예에서 순임금의 왕비가 되기 위해 오는 것을 말한다. 이 고사는 성종이 공혜왕후를 맞이한 것을 말한다.

136) 주(周)나라 왕비 되시듯이 : 중국 상나라 때에 태임(太任)이 주나라 왕계(王季)의 비가 된 것을 말한다. 이 고사는 성종이 공혜왕후를 맞이한 것을 말한다.

137) 유적(褕翟) : 왕비의 예복.

왕의 덕화(德化)가 기초를 이루었도다
드러난 덕은
땅의 덕과 짝할 만하도다
미덕을 펼치시어
기록에 남겼으니
크나큰 덕행이 영원히 빛나는 것은
하늘처럼 끝없이 오래리로다
깊은 묘당에
신령이 계시어
제사를 받드니
서와 직은 향기롭고
북과 종소리 화락하게 연주되니
강림해서 흠향하소서
신령이 내려오심은
잘은 알 수 없으나
황홀하고 훤한 듯하니
여기 계시는 것 같도다
넉넉히 많은 복을 내리시어
우리를 번창하게 하소서
猗淑聖
應資生

來嫣汭

嬪周京

懿範冠層闈

褕翟有輝

體坤元[138)]

贊乾極[139)]

率禮行

儀不忒

肅雍成內治

王化攸始

維顯德

媲柔祇[140)]

播厥美

于鼎彝[141)]

鴻徽耀無疆

與天同長

維閟宮

138) 곤원(坤元) : '땅이 만물에 주는 덕'으로, 왕비의 덕을 비유한다.

139) 건극(乾極) : '하늘의 덕'으로, 임금이 백성에게 내리는 은덕을 비유한다.

140) 기(祇) : 지신(地神). 여기서는 왕비를 말한다.

141) 정이(鼎彝) : '정(鼎)'은 '고기를 담는 제기', '이(彝)'는 '술을 담는 제기'로 왕과 왕비의 선행을 기록했다.

宅徽靈

祀事修

黍稷馨

鼓鍾奏愔愔

肸蠁來歆

神之格

可不思

悅洋洋

如在玆

穰穰降百祥

俾我熾昌

둑제(纛祭) 납씨가(納氏歌)

둑제는 둑신묘(纛神廟)에서 지낸 제사로, 군기제(軍旗祭)라 할 수 있다. 둑제는 삼국 시대와 고려 시대에는 지내지 않았고 조선 시대에 이르러 태조 2년(1393) 1월 16일에 처음 봉제되었다. 둑제 악장은 초헌에 〈납씨가〉를, 종헌에는 〈정동방곡〉을 불렀다. 이 두 노래는 모두 정도전이 지었다.

납씨[142]가 강한 힘을 믿어
동북방에 침략해
방자하고 오만하게 힘을 과시하나
날카로운 창끝을 감당할 수 없었도다
우리 임금(태조)께서 용기를 갑절 내어

142) 납씨 : 나하추(納哈出, ?~1388). 대대로 요동(遼東) 지방의 군사적 책임을 맡았던 집안에서 태어나 원나라 말 만주 지방에서 세력을 뻗쳤다. 공민왕 11년(1362)에 동북면(東北面) 쌍성(雙城 : 함남 영흥)을 치고자 수만 대군을 이끌고 침입했으나 이성계에게 대패해 달아났다.

앞장서서 적의 가슴 찌르고
한 번 쏘아 부장(部將)을 죽였으며
두 번 쏘아 괴수까지 맞혔도다
상처를 싸매느라 서로 구할 겨를이 없어
성화같이 쫓겨 달아나면서
바람 소리도 두려워하고 학의 울음에도 의심을 했도다
우뚝해서 감히 당하지 못하니
동방에 영원히 근심이 없게 되었도다
공이 이루어짐이 이 거사(擧事)에 있었으니
천만년토록 전하셨도다
納氏 恃雄强ᄒᆞ야
入寇 東北方ᄒᆞ더니
縱傲誇以力ᄒᆞ니
鋒銳라 不可當이로다
我后ㅣ 倍勇氣ᄒᆞ샤
挺身[143]衝心胸ᄒᆞ샤
一射애 斃偏裨[144]ᄒᆞ시고
再射애 及魁戎ᄒᆞ시다
裹槍不可救ㅣ라

---

143) 정신(挺身) : 남들보다 앞서 자진해서 나아가다.

144) 편비(偏裨) : 부장(部將).

追奔星火馳ᄒᆞ더니
風聲이 固可畏어늘
鶴唳도 亦堪疑로다
卓矣 莫敢當ᄒᆞ니
東方이 永無虞ㅣ로다
功成이 在此擧ᄒᆞ시니
垂之千萬秋이샷다

친경적전(親耕籍田)

친경적전례는 왕이 적전(籍田)[145]을 경작하는 의례로 친경례(親耕禮) 혹은 경적례(耕籍禮)라 한다. 이러한 의례는 임금이 직접 농사의 시범을 보이고자 한 것으로, 적전의 수확물은 국가 제례에 사용하기도 했다. 친경 의식에는 왕세자가 수행하며 왕은 오추례(五推禮 : 쟁기질을 다섯 번 하는 것)를, 왕세자는 칠추례(七推禮 : 쟁기질을 일곱 번 하는 것)를, 재신(宰臣 : 정3품 이상 당상관)과 종친은 구추례(九推禮 : 쟁기질을 아홉 번 하는 것)를 했다. 임금이 적전례를 행할 때마다 악장은 4편을 연주했다. 《악학궤범》의 악장은 성종 6년(1475) 친경례 때 새로 지은 노래들이다.

145) 적전(籍田) : 임금이 직접 농민을 두고 농사를 짓던 논밭.

[1][146)]

하늘이 우리 백성 먹이시려
좋은 곡식 내려 주었도다
농사짓기 어려우니
진실로 한가할 틈이 없도다
백성이 농사를 시작함에
내가 적전에서 일하는 것은
백성에게 도를 보이고자 함이니
근본[농사]에 가장 먼저 힘을 써야 하리로다
天粒我民
誕降嘉穀
稼穡惟難
不自暇逸
肇民農功
事我新田
示民有道
務本爲先

---

146) 임금이 대차(大次 : 제례를 행하기 위해 기다리던 곳)에서 나오면 여민락(與民樂) 〈만(慢)〉을 연주한다.

[2][147]

내가 늘 농사를 염려하니
봄은 이미 되었도다
쟁기와 보습을 잡고
몸소 친히 밭갈이를 하도다
다섯 번 밀고 다섯 번 돌림은
옛 법을 따름이로다
내 백성들에게 권하니
백성은 본받을지라
念我穡事
曰亦旣春
于耜于耒
必躬必親
五推五反
古訓是式
勸我民天
維民之則

147) 임금이 적전(籍田)을 갈면 여민락〈영(令)〉을 연주한다.

[3][148)]

밭갈이를 마쳤으니
근면하다 하리로다
임금과 신하 다 모이니
곤룡포 면류관이 빛이 나도다
만백성 함께 보니
해가 떠오르는 듯하도다
선을 따라 행하면
복록은 이에 따르리로다

曰旣耕止
曰亦勤止
上下臨只
袞冕[149)]煌只
萬目咸覩
如日之升
從善且有

148) 임금이 관경대(觀耕臺 : 적전 근처에서 농민이 경작하는 것을 임금이 직접 볼 수 있게 만든 대)에 오르면 여민락 〈만〉을 연주한다.

149) 곤면(袞冕) : 임금의 정복인 곤룡포(袞龍袍)와 면류관(冕旒冠).

福祿是膺

[4][150]

장엄한 그 제단에
향기로운 제물이로다
아 종실 재신
바삐도 움직이도다
보습으로 밭을 갈아
[왕세자가] 우리 임금 도우니
밝은 신께서는 은혜를 내려
풍년 들어 태평하게 하소서
有儼其壇
有椒其芬
嗟嗟宗公
曰亦駿奔
以耕以耟
以佑我王
明神有賜
迄用豐康

150) 왕세자가 적전을 갈면 〈역성(繹成)〉을 연주한다.

대사례(大射禮)

사례(射禮)는 활쏘기 의식으로 중국 주나라 때부터 있었다. 대사례와 향사례(鄕射禮)가 있는데 임금이 주관하는 것은 대사례, 지방관이 주관하면 향사례라 했다. 《악학궤범》의 악장은 성종 8년(1477) 성균관[반궁(泮宮)]에서 석전례[釋奠禮 : 문묘 제례, 즉 공자를 모신 사당에서 올리는 제사]와 과거 시험 직후에 행한 대사례에 맞추어 지은 것이다. 한편 활을 쏠 때는 대사례 악장 7절의 음악에 맞춰 4번 활을 쏘았다.

1. 어사(御射) 악장(樂章)[151]

즐거운 성균관에
임금의 수레가 이르렀도다
성현께 제사를 지냄에
예의를 모두 갖추었도다
큰 과녁을 세워 두고
활시위를 당겨
네 화살이 모두 적중하니
만백성이 우러르도다
思樂泮宮
鴐言戾止
以享以祀
禮儀卒備
旣抗大候
弓矢斯張
四鍭旣樹
萬民所望

151) 임금이 활을 쏘면 〈역성〉(보태평지악 11번째 곡)을 헌가(軒架 : 대궐의 댓돌 아래 뜰)에서 연주하고, 시자(侍者)가 활을 쏘아도 역성을 헌가에서 연주한다.

2. 시사(侍射)[152] 악장

즐거운 성균관에
아 북과 종소리 우렁차도다
온갖 경사들이
모두 따르도다
잔치와 활쏘기[153]에
임금께서 좋은 말씀 주시네
신하들에게 활쏘기 노래를 연주하니
공경하지 않음이 없도다
於樂泮宮
於輪鼓鍾
凡百卿士
曰皆景從
以燕以射
矢其德音
獻爾發功[154]

---

152) 시사(侍射) : 대사례에서 신하들이 임금을 따라 활을 쏘는 의식.

153) 잔치와 활쏘기 : 대사례를 행하기에 앞서 군신연(君臣宴)을 행하는데 여기서는 이를 말한다.

罔有不欽

---

154) 헌이발공(獻爾發功) : 활 쏜 사람 모두 모여 너에게 활 쏘는 공력을 올리도다. '射夫旣同 獻爾發功' 《詩經》 〈小雅 · 甫田之什〉 〈賓之初筵〉.

친잠(親蠶)

친잠례는 백성들에게 양잠을 장려하고자 왕비가 직접 양잠을 행하는 의식이다. 친잠 의식은 왕궁 후원에 시설한 채상단(採桑壇)에서 왕비는 다섯 개, 내외명부는 일곱 개, 2품과 3품의 부인들은 아홉 개 가지의 뽕잎을 따는 것으로 행해졌다. 《악학궤범》의 악장은 성종 8년(1477) 친잠례 때 새로 지은 노래들이다.

[1][155]

누에 치는 이로움은

백성에게 옷을 입혀 줌이로다

여공(女功)[156]을 인도하되

몸소 친히 하도다

무성한 저 뽕잎을 따서

어여쁜 내 광주리에 담아 놓아

수고로움을 꺼리지 않은 것은

사방 백성을 가르치고자 함이로다

維蠶之利

衣被生民

道我女紅

必躬必親

菀彼桑柔

承我懿筐

155) 왕비가 대차(大次 : 임금이 일찍 제사에 임해 때가 되기를 기다리던 곳)에 나가면 〈역성〉을 연주하고 여령(女伶 : 진연에 참여하는 기생)을 배열시킨다.

156) 여공(女功) : 여자가 맡은 일들로 양잠, 직조, 침선, 조리 등을 가리킨다.

靡敢憚勩
以訓四方

[2][157]

위의가 모두 법도에 맞고
삼감을 잊지 않으셨도다
수많은 궁녀들도
일하느라 한가할 겨를이 없도다
의식이 오르고 내림을 때에 맞게 해서
예를 마치었음을 고하도다
하늘의 크나큰 복을 받아
우리 백성에게 은혜를 베풀어 주소서
威儀卒度
淑愼不忘
曰嬪曰嬙
承事靡遑
陟降孔時
禮云告成
受天之祜
惠我函生

157) 왕비가 대차에 돌아오면 여민락 〈영〉을 연주한다.

연향 악장

기영회(耆英會)

기영회는 기로연(耆老宴) 가운데 하나로 70세 이상에 2품 이상인 종친(宗親)이 참석하는 행사였다. 성종 때 기영회는 중양절에 훈련원이나 반송정(盤松亭)에서 열었으며, 투호(投壺) 놀이를 했다. 투호를 하거나 벌주를 마실 때 주악(奏樂)과 함께 노래했다.

1. 투호가사(投壺歌詞)[158)]

아 위대하신 우리 임금
노인 공양 잘하시도다
시절은 평화롭고 풍년이 들어
좋은 시절 좋은 날에
투호 놀이 내려 주시니
오늘 밤이 다하도록 즐기겠나이다
노인들의
몸가짐과 행동이 근엄하도다
살아 있는 말[159)] 많기를 바라며
더불어 복을 받게 하소서
於皇我后
善養耆耋
時和歲豐
辰良日吉
載賜壺矢

158) 성종 때 회례 및 연향 악장이다. 〈낙양춘〉을 연주한다.

159) 살아 있는 말 : 투호 놀이에서 득점을 계산할 때 쓰는 말. 말[馬]이 많고 적음에 따라 그 승부를 정한다.

以永今夕
黃髮鮐背[160)]
威儀抑抑
庶幾多馬
幷受其福

160) 황발태배(黃髮鮐背) : '누런 머리카락과 굽은 복어 등'이란 의미로 노인의 머리털과 등을 가리킨다.

융안지악(隆安之樂)[161]

부지런하시고 노력하시는 우리 임금
공경히 덕을 밝히셨도다
이루신 것 잘 지키시고
다스림이 밝고도 흡족하도다
아 만년이 지나도록
하늘의 복록을 받았도다
亹亹我王
敬明其德
誕撫盈成[162]
治道熙洽
於萬斯年
受天之籙

161) 이 노래부터는 세종 때부터 전해 온 회례연(會禮宴 : 임금이 신하의 노고를 치하하는 잔치)의 악장들이다.

162) 영성(盈成) : 최고의 성과. 극상(極上)의 지위(地位)를 말한다.

휴안지악(休安之樂)

아 위대하신 우리 임금
성덕을 이루 말할 수가 없도다
예가 갖추어지고 음악이 조화롭고
모든 제도 갖추었도다
천만년에 이르도록
영원히 그 융성함을 보리로다

於皇聖王
盛德難名
禮備樂和
百度惟貞
彌千萬世
永觀厥成

수보록지악(受寶籙之樂)[163]

높은 저 산[164]에
석벽이 하늘과 맞닿았도다
그 바위를 쪼개어
신이한 글을 얻었도다
굳센 목자(木子)[165]가
때를 타고 일어나도다
그를 도울 이 누구인가
덕망 있는 주초(走肖)[166]로다
비의(非衣)의 군자[167]가
금성으로부터 오고

---

163) 수보록지악(受寶籙之樂) : 태조 2년(1393) 10월에 정도전이 지어 올린 것으로 태조가 왕이 될 것이라고 예언하는 내용이다.

164) 높은 저 산 : 지리산(智異山).

165) 목자(木子) : 이성계(李成桂)를 말한다.

166) 주초(走肖) : 조준(趙浚, 1346~1405)을 말한다. 그는 정도전과 함께 이성계를 왕으로 추대해 조선을 건국하는 데 일조했다.

167) 비의(非衣)의 군자 : 배극렴(裵克廉, 1325~1392)을 말한다. 조준 등과 모의해 공양왕을 폐위하고 이성계를 왕으로 추대했다.

삼전삼읍(三奠三邑)[168]이
도와서 이루리로다
새로 도읍을 해서
팔백 년 동안 전하리라
우리가 이 은총을 받으니
보록[169]이라 하도다
彼高矣山
石與山齊
于以剖之
得之異書
桓桓木子
乘時而作
誰其輔之
走肖其德
非衣君子
來自金城
三奠三邑
贊而成之
奠于神都

168) 삼전삼읍(三奠三邑) : 정도전, 정총(鄭摠, 1358~1397), 정희계(鄭熙啓, ?~1396)를 말한다. 이 세 사람은 모두 조선 개국에 앞장섰다.

169) 보록(寶籙) : 제왕의 자리에 오를 전조(前兆).

傳祚八百
我寵受之
粵維寶籙

근천정지악(覲天庭之樂)[170]

떨쳐 일어나신 왕자[171]시여
덕성은 널리 퍼져 빛나도다
빛나는 학문이요
주옥같은 문장이로다

천자께서 교지를 내리셨는데
나라 사람들이 두려워 떨었구나
임금님께서 일을 맡기니
어찌 감히 머뭇거리리오

천자를 알현해
말씀 올리기를 상세히 했도다
참소가 사라졌으니[172]

---

170) 근천정지악(覲天庭之樂) : 태종 2년(1402) 6월 하륜(河崙)이 지은 것으로, "천자의 조정에 조근하는 곡[覲天庭]"이라는 곡명에서도 보듯 태종이 직접 명나라 조정에 들어가 조선과 명나라 사이의 오해를 풀었다는 내용이다.

171) 왕자 : 태종 이방원을 말한다.

국가의 경사로다

부지런하신 왕자시여
어릴 적부터 의리와 도리를 따랐도다
천자를 대하고 나서 돌아오시니
종사의 광영이로다

굳세고 강건하신 우리 임금이시여
장수, 강령하소서
왕자가 돌아오니
그 즐거움 무궁하리로다
振振王子
德音孔彰
緝熙其學
奎璧其章

天子有旨
邦人震惶
惟君父使

---

172) 참소가 사라졌으니 : "황제께서 침욕(侵辱)을 그만두시니"로 보는 견해도 있다.

不敢或遑

旣見天子
敷納惟詳
貝錦[173]消沮
家國之昌

勉勉王子
夙遵義方
專對來歸
宗社之光

桓桓我王
壽考而康
王子來歸
其樂無疆

173) 패금(貝錦) : 참언(讒言).

문명지곡(文明之曲)[174]

아 위대하신 태조께서
성덕을 몸에 지니셨도다
천심과 인심에 따라
우리나라를 모두 얻었도다
무공으로 나라를 편히 하시고
문치로 융성케 했도다
깊은 인덕과 후한 은혜를
자손에게 무궁토록 남겼도다
아 현명하신 태종께서
계승해 공업을 더하시니
덕은 공경으로 빛나고
정치는 인덕으로 융성했도다
하늘을 경외해 큰 나라 받들기를
한결같은 정성이었도다
억만년이 지나도록

174) 문명지곡(文明之曲) : 〈무열지곡〉과 함께 세종 15년 1월에 정초(鄭招), 정인지(鄭麟趾), 신장(申檣) 등이 지은 것으로 태조의 창업과 태종의 무공을 담고 있다. 이 악장은 회례연(會禮宴)에서 사용되었다.

영원히 형통하리로다

於皇太祖
聖德左躬
應天順人
奄有[175]大東
武威旣戢
文治以隆
深仁厚澤
垂裕無窮
於昭太宗
繼序增功
德由敬明
治以仁隆
畏天事大
終始一誠
億萬斯年
永底豐亨

175) 엄유(奄有) : 남기지 않고 다 가지다.

하황은지악(荷皇恩之樂)[176]

빛나는 시조께서
우리나라 세우시어
자손에게 전하시니
대대로 명철한 임금 나셨도다
금옥 같은 그 모습은
하늘이 낸 총명함이도다
효도하고 공경하며
어질고도 성실하시도다
성현의 학문 밝히기를
나날이 힘쓰셨도다
영명하신 부왕[177]께서
진실로 아들을 알아보셨도다
정사에 피곤함을 느끼시자
나랏일을 맡기셨도다

---

176) 하황은지악(荷皇恩之樂) : 세종 1년 1월에 변계량이 지은 것으로 명나라 황제가 세종을 왕으로 인준했다는 내용이다.

177) 부왕(父王) : 태종.

황제께서 옳게 여기시어
명석한 명을 내렸도다
왕께서 머리 조아려 절하니
신성하신 황제로다
황제께서 신성해
그 은혜 조선까지 넘치도다
모든 사람들 춤추며
천자에 감격하도다
종묘사직이 이어 나감이
억만년 동안 계속되리로다
赫赫始祖
造我東方
傳子及孫
世有哲王
金玉其相[178)]
天賦聰明
旣孝且悌
旣仁且誠
緝熙聖學
惟日亹亹
明昭父王

---

178) 금옥기상(金玉其相) : 세종.

允也知子
迺倦于勤
迺托國事
皇帝曰俞
錫是明命
王拜稽首
皇帝神聖
皇帝神聖
恩溢朝鮮
小大舞蹈
感極天淵
綿綿宗社
彌億萬年

무열지곡(武烈之曲)

굳세고 강건하신 성조께서
하늘의 총애를 받아
납씨를 쫓아내고
운봉[179]에서 승리했도다
의기를 돌려[180]
저 흉악한 자들을 무찔렀도다
무공으로 세상을 안정하게 하니
우리 백성 편했도다
아 빛나는 태종께서
무공을 더욱 크게 계승해
난을 평정해 종사를 안정하게 하니
모든 백성이 서로 기뻐하도다
야인을 응징하고
왜구는 복종하니

---

179) 운봉(雲峯) : 함경남도 운곡면과 평안남도 동면 사이에 있는 산으로 이곳에서 이성계가 왜구를 물리쳤다.

180) 의기(義旗)를 돌려 : 1388년에 이성계가 위화도에서 회군한 것을 말한다.

사방에 근심이 없음은
오로지 무공의 덕이도다
桓桓聖祖
受天之寵
旣走納氏
亦捷雲峯
義旗言旋
取彼凶殘
武功耆定
東民以安
於赫太宗
丕承武烈
撥亂定社
群情胥悅
野人是懲
島夷奔命[181]
四方無虞
惟功之德

181) 분명(奔命) : 임금의 명령을 받들어 바삐 움직이다. 여기서는 왜구들이 이성계의 말을 잘 듣는다는 의미다.

수명명지악(受明命之樂)[182]

부지런하고 근면하신 우리 임금이시여
성덕이 밝고 [하늘과 선왕을] 공경하시도다
효도와 우애로 정사를 펴시니
훌륭하신 명망은 끝이 없도다

마음에 늘 공손하고 삼가
큰 나라 받들기를 한결같이 했도다
말씀과 가르침을 받들어 올리니
점점 햇살이 퍼지는 듯하도다

천자께서 밝은 조서(詔書)을 내리시니
황금 인장(印章) 찬란하도다
또한 주신 것은 무엇인가
아홉 무늬의 곤룡포로다

182) 수명명지악(受明命之樂) : 태종 2년 6월 하륜이 지은 것으로 태종이 명나라 황제의 인준을 받아 왕이 되었다는 내용이다.

임금님이 절하고 조서를 받으시니
천자의 성스러움과 현명하심이여
임금님이 절하고 고명(誥命)을 받으시니
종묘사직의 광영이도다

아 기쁘구나 우리 임금
하늘을 공경한 덕이로다
인덕을 근본 삼아 백성을 보호하니
천년이 지나도록 장수하시리로다

아 기쁘구나 우리 임금
해가 떠오르듯 밝으시도다
지략과 능함과 본보기를 남기셨으니
만세토록 계승하리로다

亹亹我王
德明敬止
孝友施政
令望不已

翼翼乃心
事大惟一
奉揚聲教

漸于出日

帝錫明命
金印斯煌
又何錫之
袞衣九章

王拜受命
天子聖明
王拜受命
宗社與榮

於樂我王
儆天之休
體仁保民
壽考千秋

於樂我王
如日之升
貽謀克正
萬世其承

당악(唐樂) 정재(呈才)

당악 정재는 고려 시대 문종 때에 송나라에서 들어온 궁중 무용으로 이후 인종, 의종 대를 거쳐 조선 시대까지 전승되었다. 《고려사》 악지에 전하는 고려의 당악 정재는 〈헌선도(獻仙桃)〉, 〈수연장(壽延長)〉, 〈오양선(五羊仙)〉, 〈포구락(抛毬樂)〉, 〈연화대(蓮花臺)〉 등이며, 이들은 모두 조선 궁중에서 시용(時用) · 상용(常用)되었다. 《악학궤범》의 당악 정재는 앞의 다섯 곡과 새로 창작된 아홉 곡을 더해 모두 14곡이다. 새로 만들어진 곡은 〈금척(金尺)〉, 〈수보록(受寶籙)〉, 〈근천정(覲天庭)〉, 〈수명명(受明命)〉, 〈하황은(荷皇恩)〉, 〈하성명(賀聖明)〉, 〈성택(聖澤)〉, 〈육화대(六花隊)〉, 〈곡파(曲破)〉 등이나 〈육화대〉와 〈곡파〉는 송의 대곡(大曲)을 그대로 가져온 것이다. 정재를 설행하기 전과 후, 무원(舞員)이 출입할 때 한문으로 된 가사, 즉 구호(口號)와 치어(致語)를 부른다. 따라서 곡의 구성은 '진구호－치어－가사－퇴구호' 순으로 되어 있다. 앞서 소개된 〈수보록〉, 〈근천정〉, 〈수명명〉, 〈하황은〉에서 원 노래의 전후에 구호와 치어가 있는 것은 그 때문이다. 이 곡들은 조선 후기 약간의 변화를 거치면서 꾸준히 이어졌다.

금척(金尺)[183]

진구호(進口號)

올바른 부절의 신령스러움을 받들어
성덕의 모습을 찬미하도다
너그러이 [우리가 준비한 춤을] 용납하시기 바라며
연향의 즐거움을 미덥게 하옵소서

가사

하늘의 안목이 매우 높아
좋은 조짐의 꿈이 금척에 맞았도다
청자[184]는 늙었고

183) 금척(金尺) : 몽금척(夢金尺). 태조 2년(1393) 정도전이 지은 것으로 이성계가 꿈속에서 신인(神人)에게 금척(金尺)을 받았다는 내용을 담고 있다.

184) 청자 : 청원부원군(淸原府院君)인 경복흥(慶復興, ?~1380)을 가리킨다. 덕흥군(충선왕의 아들)이 최유(崔濡)와 모의해 공민왕을 폐위하

강직한 자[185]는 외고집이니
덕망이 있는 자[186]가 적합하도다
하늘이 우리의 마음을 살펴
[그에게] 나라를 조화롭게 다스리게 하셨도다
올바르구나 그 부절은
천명을 받은 상서로다
자자손손 전해서
천년만년 이어 가리로다

성인이 일어나
만물을 다 보는도다
신령한 상서가 많기도 해서
모든 복이 고루 미치도다
긴말로도 부족해
노래하고 또 춤추도다
아 즐겁고 차례가 있음이여

고 스스로 왕이 되려 했다. 공민왕 13년(1354) 정월에 최유와 덕흥군은 원나라 군사 1만 명을 거느리고 압록강을 건너와 의주를 포위했으나 공민왕은 최영과 경복흥을 보내어 그들을 격퇴했다.

185) 강직한 자 : 최영(崔瑩, 1316~1388)을 가리킨다.

186) 덕망이 있는 자 : 이성계를 가리킨다.

우리 임금 천세 만수를 하소서

퇴구호(退口號)

음악은 이미 구성(九成)을 했고
만세까지 장수의 축원을 올렸도다
즐거움의 끝에 이르기 어려우니
경계하는 마음으로 돌아오소서
삼가 사양하고 절하고 물러가니
편안하게 쉬소서
奉貞符之靈異
美聖德之形容
冀借優容
式孚宴譽

惟皇鑑之孔明兮
吉夢協于金尺
淸者耄矣兮
直其戇兮
有德焉是適
帝用度吾心兮

俾均齊于家國
貞哉厥符兮
受命之祥
傳子及孫兮
彌于千億
聖人有作
萬物皆覩
靈瑞繽紛
諸福畢至
長言不足
式歌且舞
於樂於倫
君王萬壽

樂旣奏於九成
壽庸獻於萬歲
未及懽娛之極
遽回敬戒之心
拜辭而歸
式燕而處

수보록(受寶籙)

진구호

하늘이 내려 주신 부절의 상서를 받아
국운의 영원함을 이끌었도다
모두가 기뻐하고 즐거워함에
송축하나이다

가사[187]

퇴구호

구곡(九曲)를 연주해 끝남을 고하고
천세 만수의 축수 올리며 영원하기를 바라도다

---

187) 수보록(受寶籙)의 가사는 이 책 연향 악장에 있으므로 여기서는 생략한다.

다행히 태평성대를 만나니
감히 기쁜 마음을 펼칩니다
빛나는 자리를 절하고 물러나니
편안하고 즐겁게 쉬소서
受皇天之符瑞
启景運之靈長
擧有懽忻
式陳頌禱

奏九曲而告成
祝千歲而有永
幸值昇平之日
敢申悅懌之情
拜辭華筵
式燕譽處

근천정(覲天庭)

진구호

천자의 궁궐에 알현해
황제의 은총을 넉넉하게 입었도다
단정히 천자의 나이[188]를 받아
왕업의 영속함을 이끌었도다
모두 다 기쁘고 즐거워함에
공손히 송축을 드립니다

가사[189]

---

188) 천자의 나이 : 천자가 천세 만년까지 이어 갈 나이로 영원히 지속할 시간을 말한다.

189) 근천정(覲天庭)의 가사는 이 책 연향 악장에 있으므로 여기서는 생략한다.

퇴구호

성덕으로 선정을 베푸니
바야흐로 구공(九功)[190]의 노래가 들리도다
즐겁고도 법도가 있으니
감히 육일무(六佾舞)[191]를 펼칩니다
왕위에서 게으름이 없으시니
영원히 그 성취를 보리로다

利覲天庭
承帝眷之優渥
端膺寶曆[192]
啓王業之延長
舉有懽忻
恭陳頌禱

---

190) 구공(九功) : 천자의 아홉 가지 선정으로, 백성의 생활 근본이 되는 화(火), 수(水), 목(木), 금(金), 토(土), 곡물(穀物)을 다스리고, 정덕(正德), 후생(厚生), 이용(利用)을 정비하는 것을 말한다.

191) 육일무(六佾舞) : '일무'는 국가 제례나 연향 때 추는 춤으로, 춤을 보이는 대상의 지위에 따라 다르며, 천자 앞에서는 팔일무, 제후 앞에서는 육일무를 춘다.

192) 보력(寶歷) : 천자의 나이를 말한다.

德維善政
方問九功之歌
樂且有儀
敢陳六佾之舞
不懈于位
永觀厥成

수명명(受明命)

진구호

조심하는 마음으로
새롭게 하라는 명을 받았나이다
가득히 들리는
지극한 음악 소리 듣기 좋구나
종묘와 사직은 매우 빛나고
만백성 모두 기뻐하나이다

가사[193]

193) 수명명(受明命)의 가사는 이 책 연향 악장에 있으므로 여기서는 생략한다.

퇴구호

우리 임금께서 처음으로 왕위를 계승하심에
진실로 이는 끝없는 복인 줄 알리로다
임금이 어찌 허물을 그치지 않으리요
이는 서로 기뻐하는 즐거움이로다
예와 법도 마침내 들어맞으니
임금의 말씀 잊지 않으리로다
翼翼小心
誕受維新之命
洋洋盈耳
欣聞克諧之音
宗社重熙
臣民胥悅

知我初服
實是無疆之休
畜君何尤
迺爲相悅之樂
禮儀卒度
德音不忘

하황은(荷皇恩)

진구호

특별히 천자의 은총을 입어
이내 그 왕위를 바르게 했도다
이에 우리 임금 높은 성덕을 노래하니
그 소리 살처럼 퍼지도다
감히 용안(龍顏)을 가까이 두어
구호를 올리나이다

가사[194]

194) 하황은(荷皇恩)의 가사는 이 책 연향 악장에 있으므로 여기서는 생략한다.

퇴구호

잔치로 즐기니
예는 이미 흡족하게 완성되었도다
[자손을] 번창하고 빛나게 하시어
영원히 장수하기를 바라옵니다
음악이 끝나려 하니
절하고 조용히 물러납니다

特荷天子之恩
乃正厥位
載歌吾君之德
以矢其音
敢冒宸顔[195]
庸陳口號

式燕以娛
禮聿成於旣洽
俾昌而熾
壽願享於無疆
樂節將終
拜辭少退

---

195) 신안(宸顔) : 대궐의 얼굴, 즉 임금의 얼굴을 말한다.

하성명(賀聖明)[196]

진구호

성덕 높은 황제께서 세상을 다스리니
조화로운 기운 만방에 흐르나이다
천지 모든 곳에서 상서로움을 내시니
모든 복이 다 이르나이다
기쁘고 경사로움을 끝내 이기지 못해
송축의 말로 드리나이다.

가사

황제의 성덕이
하늘에 빛나게 이르도다
하늘은 감로[197]를 내리고

---

196) 하성명(賀聖明) : 세종 즉위년(1418)에 변계량이 지은 것으로 명나라 황제가 등극한 이후에 많은 상서로움이 있어 이를 우리나라 사람들이 기뻐한다는 내용을 담고 있다.

땅에는 예천[198]이 솟도다
황하가 맑아지고[199] 거북이 나타나며[200]
영지[201]가 성하고 빛나도다
금빛 물과 상서로운 얼음
모든 형상이 펼쳐지도다
오색의 상서로운 구름은
흩날려 빛나도다
절강과 비하[202]는
감응해 밝게 드러내도다
상서로움이 이르기를
앞뒤로 연이었도다
모든 백성들이 머리를 숙여

---

197) 감로(甘露) : 태평성대일 때 하늘에서 내리는 단 이슬을 말한다.

198) 예천(醴泉) : 태평성대일 때 땅에서 솟는 단물 샘을 말한다.

199) 황하가 맑아지고 : 황하가 맑게 되면 성인이 난다는 전설을 말한다.

200) 거북이 나타나며 : 하도낙서(河圖洛書). 황하와 낙수에서 나온 신비한 내용을 담고 있는 그림과 도서로 '하도'는 복희씨 때에 황하에서 용마(龍馬)가 지고 나온 그림, '낙서'는 우임금 때 낙수에서 나온 거북이 등에 있는 무늬를 말한다.

201) 영지 : 버섯의 일종으로 상서(祥瑞)의 상징이다.

202) 절강과 비하 : 중국의 지명으로, 상서가 많이 나타났다고 한다.

천자의 만수무강 비옵니다

황제의 지극한 인덕은
백성들을 흡족히 적셨도다
모든 짐승도 유순하니
상서가 빛나게 펼쳐진 것이로다
아 저 추우[203)]여
빛나는 기린[204)]이여
학은 깨끗하고 빛나며
상서로운 것들 모두 유순하도다
사자가 이미 나타나니
복록이 이르도다
검은 토끼와 흰 꿩은
세상에 드문 것들이로다
만방에서 하례하러 오나니

---

203) 추우(騶虞) : 신령한 상상의 동물로 흰 바탕에 검은 무늬와 긴 꼬리가 있으며 생물을 먹지 않고 풀을 밟지 않는 동물이라 한다. 성인의 덕에 감응해서 나타난다고 한다.

204) 기린(麒麟) : 성인이 이 세상에 나올 징조로 나타난다고 하는 상상의 동물로 몸은 사슴 같고 꼬리는 소 같고, 발굽과 갈기는 말과 같으며 빛깔은 오색이라고 한다.

늦지 않으려 하는도다
모든 백성이 머리를 숙여
천자의 만수무강 비옵니다

황제의 지극하신 정성이
이르지 않은 곳 없도다
보은[205]과 오대[206]에까지
상서가 모두 이르도다
부처님과
여러 보살과
반짝이는 탑과
나한[207]은 천백(千百)이로다
용 봉황 사자 코끼리가
좌우로 둘러 있도다
영묘한 꽃과 상서로운 구름은
반짝이며 빛나도다
온갖 영험과 신이함을

---

205) 보은(報恩) : 보은사. 중국에 있는 절이다.

206) 오대 : 오대산(五臺山), 즉 중국 산시성에 있는 우타이산을 말한다. 문수보살이 사는 청량산이라 해서 불교 성지다.

207) 나한(羅漢) : 생사를 이미 초월한 부처를 말한다.

일일이 설명할 수 없도다
모든 백성이 머리를 숙여
천자의 만수의 복을 비옵니다

퇴구호

이내 노래하고 춤을 추어
전에 없는 거룩한 성덕을 찬미합니다
장수하시고 건강하시어
하늘의 끝없는 복 입으시기 바라나이다
아름다운 노래 끝나려 하니
다시 절하고 물러납니다
聖神御統
叶氣旁流
天地生祥
諸福畢至
不勝懽慶之極
庸陳頌禱之辭

惟帝之德
昭格于天

天降甘露
地出醴泉
河淸龜見
靈芝爗爗
金水瑞氷
諸象布列
五彩慶雲
紛紛郁郁
浙江淝河
感應昭宣
禎祥之至
前後聯綿
小大稽首
天子萬年

惟帝至仁
洽于民人
鳥獸咸若
瑞應昭陳
于嗟騶虞
濯濯麒麟
白烏鮮明
瑞祥柔馴
獅子旣見

福祿來臻
玄兎白雉
世不常有
萬邦來賀
罔敢或後
小大稽首
天子萬壽

惟帝至誠
無所不格
報恩五臺
祥瑞雜還
空見如來[208]
諸佛菩薩
磷磷寶塔
羅漢千百
龍鳳獅象
左右周匝
天花[209]祥雲
璀璨燁煜
種種靈異

---

208) 공견여래(空見如來) : 깨달음. 깨달은 자, 즉 부처를 말한다.

209) 천화(天花) : 천상계에 핀다는 영묘한 꽃을 말한다.

不可備述
大小稽首
天子萬福

載歌載舞
美盛德之無前
曰壽曰康
荷天休之滋至
雅音將闋
再拜以辭

성택(聖澤)[210]

진구호

성상의 덕화가
멀리 변방까지 끼쳤도다
먼 백성의 마음도
기뻐 춤추도다
바라건대 무희(舞姬)들을 허용하시어
노래가 끝날 때까지 살펴보소서

가사

아 황제의 은택이
만방을 흡족히 적셨도다

---

210) 성택(聖澤) : 세종 10년(1428) 예조에서 지은 것으로, 태종이 명나라를 지성껏 섬기니 황제가 이를 아름답게 여겨 사신을 보내었으므로 사람들이 기뻐했다고 한다. 이 정재는 빈례[賓禮 : 명나라 사신연(使臣宴)]에서 설행(設行)되었다.

하늘 아래 모든 나라들
먼 곳에서도 [조공하러] 오도다
오로지 우리나라는
선왕 때부터
제후의 법도를 경건히 받들어
황제의 명에 복종했도다
밝고 빛난 우리 임금은
선왕의 뜻 계승해
공경과 정성을 다하시어
황제의 넓고 두터운 은혜 받았도다
가볍고 날쌘 사신의 수레는
언덕과 늪을 바삐 달려
천자가 계신 곳에서
먼 나라까지 이르도다
우리 임금 성 밖으로 나가 맞이하니
마치 천자를 알현하듯
우리 임금 절하고 머리 숙여
천자의 만수무강을 비나이다
지극한 우리 임금의 정성과
거룩한 황제의 덕
상하가 서로 합쳐져서

경사스러움이 영원히 전해지리로다

퇴구호

황제의 덕이 모든 생명에게 무젖기를 이루어

회유[211]의 도리를 극진히 하시도다

마음속 깊이 감격해

송축의 글을 드립니다

음악이 끝나려 하니

절하며 조용히 물러납니다

上聖之化

覃被要荒

遠人之心

不勝舞蹈

冀容入隊

永觀厥成

於皇聖澤

治于萬方

211) 회유(懷柔) : 어루만지고 달래다.

際天所覆
莫不梯航[212]
惟我海邦
曰自先王
式虔侯度
寵章[213]是服
昭明我王
允也繼述
克敬克誠
昵承優渥[214]
翩翩使車
載馳原濕
自天子所
來莅遐域
王出郊迎
如覩穆穆
王拜稽首
聖壽萬億

---

212) 제항(梯航) : 사다리를 타고 산에 오르고 배를 타고 바다를 건넌다는 뜻으로 먼 곳까지 이르는 것을 말한다.

213) 총장(寵章) : 황제가 내리던 물건이나 작위 혹은 그에 따른 명령을 말한다.

214) 우악(優渥) : 은혜가 넓고 두터움을 말한다.

維王之誠
維帝之德
上下交泰
慶流罔極

德洽生成
克盡懷柔之道
情深感激
式陳頌禱之詞
樂節將終
拜辭少退

속악(俗樂) 정재(呈才)

봉래의(鳳來儀)

봉래의는 〈용비어천가(龍飛御天歌)〉[215]를 가사로 해서 전인자(前引子), 여민락(與民樂), 치화평(致和平), 취풍형(醉豐亨), 후인자(後引子) 등 다섯 악곡으로 구성된 궁중 무용[정재(呈才)]이다. 여민락을 연주할 때는 한문으로 된 1장[해동장(海東章)], 2장 1절[근심장(根深章)], 2장 2절[원원장(源遠章)], 3장 1절[석주장(昔周章)], 3장 2절[금아장(今我章)], 4장 1절[적인장(狄人章)], 4장 2절[야인장(野人章)], 125장 1절[천세장(千世章)], 125장 2절[자자장(子子章)], 125장 3절[오호장(嗚呼章)]을 불렀고, 치화평을 연주할 때에는 국문과 한문으로 된 1장, 2장, 3장, 4장, 5

---

215) 〈용비어천가(龍飛御天歌)〉: 세종 27년(1445) 4월 세종의 명으로 정인지(鄭麟趾), 안지(安止), 권제(權踶) 등이 지은 것으로 조선 건국 영웅에 대한 송축과 후세 왕에게 이르는 권계를 담고 있다. 모두 125장으로 각 장은 국문시, 한역시, 그리고 주석으로 이루어져 있다. 1장은 한 줄, 2~124장은 두 줄 그리고 125장은 석 줄이며 내용상 1~2장은 서사, 3~110장은 목조(穆祖)・익조(翼祖)・도조(度祖)・환조(桓祖)・태조(太祖)・태종(太宗) 등 6대조의 사적에 해당하는 본사, 111~125장은 후대 왕들에게 경계를 당부하는 결사로 되어 있다.

장[칠저장(漆沮章)], 6장[상덕장(商德章)], 7장[붉은새장(블근새장)], 8장[태자장(太子章)], 9장[봉천장(奉天章)], 10장[일부장(一夫章)], 11장[우예장(虞芮章)], 12장[오년장(五年章)], 13장[말씀장(말ᄉᆞᆷ장)], 14장[성손장(聖孫章)], 15장[양자강장(揚子江章)], 16장[도망장(逃亡章)], 125장(천세장)을 불렀다. 그리고 취풍형을 연주할 때에는 국문과 한문의 1장, 2장, 3장, 4장, 5장, 6장, 7장, 8장, 125장을 불렀다.

구호(口號)

우리 조종(祖宗)을 생각하니
덕성과 무공이 융성했도다
그 경사스러움이 두터워서
천명을 받으셨도다
아 만년이 지나도록
아름답고도 밝게 빛나리로다
영원히 찬탄해
노래로써 바치옵니다
念我祖宗

德盛功隆

載篤其慶

誕膺成命

於萬斯年

赫赫昭宣

永言嘆嗟

惟以遂歌

1. 여민락(與民樂)

① 해동장(海東章)

우리나라에 여섯 용이 나시어 하는 일마다 하늘의 복을 받으시니 중국의 옛 성왕(聖王)과 꼭 같으시니

海東216)六龍217)飛　莫非天所扶　古聖218)同符219)

[원문]220) 海東 六龍이 ᄂᆞᄅᆞ샤 일마다 天福이시니 古聖이 同符ᄒᆞ시니(1장)

② 근심장(根深章)

뿌리가 깊은 나무는 바람에 움직이지 아니하므로, 꽃

---

216) 해동(海東) : 발해(渤海)의 동쪽에 있는 조선.

217) 육룡(六龍) : 목조, 익조, 도조, 환조로부터 태조, 태종까지 여섯 임금을 말한다.

218) 고성(古聖) : 중국의 옛 성왕(聖王).

219) 동부(同符) : 꼭 들어맞다.

220) 〈용비어천가〉.

이 좋고 열매 많으니

根深之木 風亦不杌[221] 有灼[222]其華 有蕡[223]其實

[원문] 불휘 기픈 남근 ᄇᆞᄅᆞ매 아니 뮐씨 곶 됴코 여름 하ᄂᆞ니(2장 1절)

③ 원원장(源遠章)

샘이 깊은 물은 가뭄에도 그치지 아니하므로, 내를 이루어 바다에 가느니

源遠之水 旱亦不竭[224] 有斯爲川 于海必達

[원문] ᄉᆡ미 기픈 므른 ᄀᆞᄆᆞ래 아니 그츨씨 내히 이러 바ᄅᆞ래 가ᄂᆞ니(2장 2절)

---

221) 올(杌) : 흔들리다, 움직이다.

222) 작(灼) : 꽃이 무성하다.

223) 분(蕡) : 열매가 많다.

224) 갈(竭) : 다하다.

④ 석주장(昔周章)

주나라의 대왕이신 고공단보께서 빈곡에 사시면서 제왕의 기틀을 닦으시니

昔周大王[225]　于豳[226]斯依　于豳斯依　肇造丕基

[원문] 周國 大王이 豳谷애 사ᄅᆞ샤 帝業을 여르시니(3장 1절)

⑤ 금아장(今我章)

우리 시조이신 목조께서 경흥에 사시면서 왕업의 기틀을 닦으시니.

今我始祖[227]　慶興[228]是宅　慶興是宅　肇開鴻業[229]

---

225) 주대왕(周大王) : 고공단보(古公亶父)로 주 문왕의 조부다.

226) 빈(豳) : 중국의 옛 지명으로 지금의 산시성에 있었으며 주나라의 도읍이었다.

227) 아시조(我始祖) : 목조.

228) 경흥(慶興) : 함경북도 북동단에 있다. 북쪽으로 경원, 서쪽으로 부령에 접하고, 남쪽으로 동해에 면하며, 동쪽으로는 중국 및 러시아와 마주한다.

229) 홍업(鴻業) : 통치의 대업.

[원문] 우리 始祖ㅣ 慶興에 사ᄅᆞ샤 王業을 여르시니(3장 2절)

⑥ 적인장(狄人章)

오랑캐 사이에 가시니 오랑캐가 침범하거늘, 기산(岐山)으로 옮기신 것은 하늘의 뜻이시니

狄人[230]與處　狄人于侵　岐山[231]之遷　實維天心[232]

[원문] 狄人서리예 가샤 狄人이 ᄀᆞᆯ외어늘 岐山 올ᄆᆞ샴도 하ᄂᆞᇗ ᄠᅳ디시니(4장 1절)

⑦ 야인장(野人章)

오랑캐 사이에 가시니 오랑캐가 침범하거늘, 덕원(德源)으로 옮기신 것도 하늘의 뜻이시니.

---

230) 적인(狄人) : 오랑캐.

231) 기산(岐山) : 지금의 중국 산시성에 있는 산이다.

232) 실유천심(實維天心) : 고공단보가 빈곡에서 살 때 오랑캐가 침범해 그곳을 떠나 기산 밑에 가서 사니 사람들이 모두 그를 따라갔다.

野人與處　野人不禮　德源[233]之徙　實是天啓[234]

[원문] 野人ㅅ서리예 가샤 野人이 골외어늘 德源 올ᄆ샴도 하ᄂᆶ ᄠ디시니(4장 2절)

⑧ 천세장(千歲章)

천세 전에 미리 정하신 한강 북쪽에 여러 대를 거쳐 어진 임금이 나라를 열어 왕조가 끝이 없으시니

千歲默定　漢水陽[235]　累仁開國　卜年[236]無疆

[원문] 千世 우희 미리 定ᄒᆞ샨 漢水 北에 累仁開國ᄒᆞ샤 卜年이 ᄀᆞᆳ업스시니(125장 1절)

---

233) 덕원(德源) : 함경남도 문천군.

234) 실시천계(實是天啓) : 익조가 목조의 덕을 계승하면서 여진족과 살았는데, 익조의 위덕이 날로 커져 가니 여진 족장이 그를 시기해 죽이려고 해서 덕원으로 옮기게 되었다. 이때 익조를 따르는 사람들이 많았다.

235) 한수양(漢水陽) : 한양. 서울.

236) 복년(卜年) : 정해진 연수(年數). 국가의 역년(歷年)이란 운명적으로 결정되어 있어서 미리 점을 쳐서 결정한 것과 같으므로 복년이라 한다.

⑨ 자자장(子子章)

자자손손 성신(聖神)이 이으시어도 하늘을 공경하고 백성을 부지런히 섬겨야 더욱 굳건할 것입니다

子子孫孫　聖神雖繼　敬天勤民[237]　迺益永世

[원문] 聖神이 니ᅀᆞ샤도 敬天勤民ᄒᆞ샤ᅀᅡ 더욱 구드시리이다(125장 2절)

⑩ 오호장(嗚呼章)

임금이여 아소서, 낙수(落水)에 사냥 가 있으면서 조상만 믿으시겠습니까

嗚呼　嗣王監此　洛表游畋　皇祖其恃[238]

[원문] 님금하 아ᄅᆞ쇼셔 洛水예 山行 가이셔 하나빌 미드니잇가(125장 3절)

---

237) 경천근민(敬天勤民) : 하늘을 공경하고 백성을 사랑하다.

238) 황조기시(皇祖其恃) : 하(夏)나라 태강왕(太康王)이 나라를 제대로 다스리지 않았다. 또한 사냥에도 절도가 없어 낙수(洛水)에 사냥 간 지 백 일이 넘도록 돌아오지 않으므로 유궁후(有窮后) 예(羿)가 그를 치고 천자에 올랐다.

2. 치화평(致和平)[239]

① 칠저장(漆沮章)

칠수와 저수 두 강가에 있는 움집을 [보고] 후세 성인이 말씀하시니, 임금의 정치하기가 힘들고 수고로움이 저러하시니[240]

붉은 섬 안에 있는 움집을 지금까지도 보이나니, 왕업을 이루는 어려움이 이러하시니[241]

漆沮 ᄀᆞᇫ 움흘 後聖[242]이 니ᄅᆞ시니 帝業[243]憂勤[244]이 뎌러ᄒᆞ시니

赤島 안햇 움흘 至今에 보ᅀᆞᆸᄂᆞ니 王業艱難이 이러ᄒᆞ시

239) 1~4장, 125장은 여민락에 있으므로 여기서는 생략한다.

240) 칠수(漆水)와 저수(沮水)… 저러하시니 : 주나라가 처음에 칠수와 저수가 생겨나 고공단보가 움집에서 살 때는 작았지만 그 뒤 문왕 때에는 큰 나라가 되었음을 말한 것이다.

241) 붉은 섬… 이러하시니 : 익조(翼祖)가 적도(赤島)에서 왕업을 일으킨 것을 말한다.

242) 후성(後聖) : 문왕의 아들이며 무왕의 동생인 주공(周公)이다.

243) 제업(帝業) : 제왕의 정사.

244) 우근(憂勤) : 근심과 수고로움.

니(5장)

② 상덕장(商德章)

상나라의 덕망이 쇠해 가니 [주나라가 장차] 천하를 맡을 것이므로 서수[245] 강가가 저자와 같으니

고려의 운명이 쇠해 가니 [태조가 장차] 나라를 맡을 것이므로 동해(東海)[246] 바닷가가 저자와 같으니

商德이 衰ᄒᆞ거등 天下ᄅᆞᆯ 맛ᄃᆞ시릴ᄊᆡ 西水ㅅ ᄀᆞᇫ이 져재 ᄀᆞᆮᄒᆞ니
麗運이 衰ᄒᆞ거든 나라ᄒᆞᆯ 맛ᄃᆞ시릴ᄊᆡ 東海ㅅ ᄀᆞᇫ이 져재 ᄀᆞᆮᄒᆞ니(6장)

③ 붉은새장(블근새장)

붉은 새가 글을 물고 [문왕의] 침실 문 앞에 앉으니 성자(聖子, 무왕)의 혁명에 하늘이 내린 복을 미리 보이시니

245) 서수(西水) : 고공단보가 살던 칠수와 저수.

246) 동해(東海) : 목조 · 익조가 이사 다녔던 함경도와 강원도 해안.

뱀이 까치를 물어다가 나뭇가지에 얹으니, 성손(聖孫, 이성계)이 장차 일어날 경사로운 징조를 미리 보이시니[247]

블근 새 그를 므러 寢室 이페 안ᄌᆞ니 聖子[248]革命에 帝祜[249]ᄅᆞᆯ 뵈ᅀᆞᄫᆞ니
ᄇᆞ야미 가칠 므러 즘겟가재 연ᄌᆞ니 聖孫將興에 嘉祥이 몬제시니(7장)

④ 태자장(太子章)

태자(계력)를 하늘이 가리시어 그 형(태백, 중옹)의 뜻이 이루어지거늘, 그의 손자 무왕을 내신 것입니다[250]

---

247) 뱀이 까치를… 보이시니 : 도조가 까치 두 마리를 멀리서 쏘았는데 이때 큰 뱀이 이것들을 물고 나무 위에 올려놓았다는 고사를 말한다.

248) 성자(聖子) : 성인의 아들, 곧 무왕을 말한다.

249) 제호(帝祜) : 하늘이 내리는 복.

250) 태자(계력)를… 것입니다 : 주나라 태왕에게는 세 아들이 있었는데 첫째는 태백(泰伯), 둘째는 중옹(仲雍), 셋째는 계력(季歷)이었다. 태백과 중옹은 태왕이 계력의 아들인 창(昌, 훗날 문왕)에게 마음을 둔 것을 알고 계력이 왕위를 계승하도록 주나라를 떠났다. 이후 왕위는 계

세자(환조)를 하늘이 가리시어 원나라 황제의 명령이 내리거늘, 태조를 내신 것입니다[251]

太子ᄅᆞᆯ 하ᄂᆞᆯ히 ᄀᆞᆯᄒᆡ샤 兄ㄱ ᄠᅳ디 일어시ᄂᆞᆯ 聖孫ᄋᆞᆯ 내시니이다

世子ᄅᆞᆯ 하ᄂᆞᆯ히 ᄀᆞᆯᄒᆡ샤 帝命이 ᄂᆞ리어시ᄂᆞᆯ 聖子ᄅᆞᆯ 내시니이다(8장)

⑤ 봉천장(奉天章)

[주 무왕이] 천명을 받들어 상나라 주(紂)의 죄를 치니 사방의 제후가 모이더니, [주나라의] 성스런 교화가 오래라서 서이(西夷)까지 또 모이니

[이 태조가] 정의를 부르짖고 군대를 돌리니 천 리 밖의 백성[252]이 모이더니, [태조의] 성스런 교화가 깊으시어 북적(北狄)까지 또 모이니

력, 문왕, 무왕으로 이어졌다.

251) 세자(환조)를… 것입니다 : 도조가 죽자 맏아들 자흥(子興)이 이었는데 곧 죽었다. 그의 아들 천계(天桂)가 있었으나 나이가 어려 원나라에서 이성계의 부친인 환조에게 물려주어 이성계로 하여금 계승하게 했다.

252) 천 리 밖의 백성 : 개경에 있는 백성들을 말한다.

奉天討罪[253]실씨 四方諸侯ㅣ 몯더니 聖化ㅣ 오라샤 西夷 또 모닥니
唱義班師[254]ㅣ실씨 千里人民이 몯더니 聖化ㅣ 기프샤 北狄이 또 모닥니(9장)

⑥ 일부장(一夫章)

한갓 필부(匹夫)인 주(紂)가 백성을 해치므로 [그 백성이] 우리 임금(무왕)을 기다려, 현황의 폐백(幣帛)을 광주리에 담아 길에서 [무왕 오기를] 바라니

미친 고려 우왕이 방자하고 포학하므로 [그 백성들이 태조의] 의기[255]를 기다려, 소쿠리엔 밥을 담고 병엔 장을 담아 [태조가 오기를] 바라니

一夫[256]ㅣ 流毒[257]홀씨 我后를 기드리ᅀᆞ바 玄黃[258]筐

---

253) 봉천토죄(奉天討罪) : 하늘의 명을 받들어 죄인을 징치하다.

254) 창의반사(唱義班師) : 대의를 부르짖어 군대를 돌리다.

255) 의기 : 위화도 회군.

256) 일부(一夫) : 상나라 주(紂)왕.

257) 유독(流毒) : 독을 흘리다. 즉, 백성을 해치다.

258) 현황(玄黃) : 검정과 노란색의 폐백.

簞로 길헤 ᄇᆞ라ᅀᆞᄫᆞ니

狂夫[259] ㅣ 肆虐[260] ᄒᆞᆯᄊᆡ 義旗를 기드리ᅀᆞᄫᅡ 簞食壺漿ᄋᆞ로 길헤 ᄇᆞ라ᅀᆞᄫᆞ니(10장)

⑦ 우예장(虞芮章)

우나라와 예나라 사이 [토지 소송을 문왕이] 바로잡으니 사방에서 나라들이 모이나, [문왕은] 지극한 덕을 가지고 있어 독부(獨夫)[261]인 수(受)[262]를 섬기시니

위화도에서 군대를 돌린 것으로부터 여망[263]이 다 [태조에게] 모이나, [태조가] 지극한 충성이 있어 나라를 중흥하게 할 임금을 세우시니[264]

虞芮 質成[265] ᄒᆞᄂᆞ로 方國이 해 모ᄃᆞ나 至德이실ᄊᆡ 獨夫

---

259) 광부(狂夫) : 고려 우왕.

260) 사학(肆虐) : 포악한 짓을 마음대로 하다.

261) 독부(獨夫) : 포악한 정치를 해서 백성들에게 외면당한 군주를 말한다.

262) 수(受) : 주(紂)왕의 이름.

263) 여망(輿望) : 여러 사람들의 기대.

264) 나라를 중흥하게 할 임금을 세우시니 : 이성계가 공양왕(恭讓王)을 세운 것을 말한다.

受ㄹ 셤기시니
威化 振旅[266]ᄒᆞ시ᄂᆞ로 輿望이 다 몯ᄌᆞᄫᆞ나 至忠이실ᄊᆡ
中興主를 셰시니(11장)

⑧ 오년장(五年章)

[주(紂)가] 오 년 동안이나 개과하지 못해 학정이 날로 더해 가므로, [주 무왕이] 반기를 든 날에 죽은 선친[267]의 뜻을 이루지 못하니[268]

[공양왕이] 첫날부터 참소를 들어 [태조를 해치려는] 흉포한 계책이 날로 더해 가므로, 왕위 권하는 날에 [고려를 중흥하게 하려던] 평생의 뜻을 이루지 못하니

五 年을 改過 몯ᄒᆞ야 虐政이 날로 더을ᄊᆡ 倒戈之日[269]

---

265) 질성(質成) : 바로잡다. 화해시키다.

266) 진려(振旅) : 무리(군대)를 돌리다.

267) 선친 : 문왕.

268) [주(紂)가] 오 년… 못하니 : 문왕이 이미 천하를 거의 얻었고 제후들이 주를 멸할 것을 문왕에게 말했으나, 오히려 문왕은 충심으로 주를 섬겼다. 문왕이 죽은 후 무왕은 주가 개과천선하기를 5년이나 기다렸으나 고치지 않자 부왕의 뜻에 반해 주에게 반기를 들었다.

269) 도과지일(倒戈之日) : '도과(倒戈)'는 창을 거꾸로 댄다는 뜻으로,

에 先考ㆆ 뜯 몯 일우시니
처ᅀᅥᆷ나래 讒訴를 드러 兇謀ㅣ 날로 더을씨 勸進之日[270]에
平生ㄱ뜯 몯 일우시니(12장)

⑨ 말씀장(말ᄊᆞᆷ장)

[무왕에게 주(紂)왕을 치라는] 말씀을 올리는 사람은 많되, [무왕이] 천명을 의심하므로 [신인이] 꿈으로 [주(紂)를 징벌하라고] 재촉하시니

[고려 말 태조를 찬양하는] 노래를 부르는 사람은 많되, [태조가] 천명을 모르시므로 [하늘이] 꿈으로 알리시니

말ᄊᆞ물 ᄉᆞᆯᄫᆞ리 하ᄃᆡ 天命을 疑心ᄒᆞ실ᄊᆡ ᄭᅮ므로 뵈아시니
놀애ᄅᆞᆯ 브르리 하ᄃᆡ 天命을 모ᄅᆞ실ᄊᆡ ᄭᅮ므로 알의시니
(13장)

앞을 향해야 할 창이 뒤를 찌름을 말한다. 무왕이 당시 주군이던 주에게 반기를 들었던 날을 이른다.

270) 권진지일(勸進之日) : '권진(勸進)'은 임금의 자리에 오르기를 권하는 것을 말한다. 조준, 정도전, 배극렴 등이 이성계를 왕으로 추대한 날을 이른다.

⑩ 성손장(聖孫章)

성손(聖孫, 무왕)이 한번 노하시니 육백 년의 [상나라] 천하가 낙양(주나라 도읍)으로 옮겼습니다

성자(聖子, 이성계)가 세 번이나 사양하시나,[271] 오백 년의 [고려] 나라가 한양으로 옮겼습니다.

聖孫이 一怒ᄒᆞ시니 六百 年 天下ㅣ 洛陽애 올ᄆᆞ니이다
聖子ㅣ 三讓이시나 五百 年 나라히 漢陽애 올ᄆᆞ니이다
(14장)

⑪ 양자강장(揚子江章)

[진시황이] 양자강 남쪽[272]을 꺼리시어 사자를 보내신들 [이미 하늘에서 정한] 칠 대[273]의 왕을 누가 막겠습니까

---

271) 성자가 세 번이나 사양하시나 : 이성계가 위화도 회군 이후 우왕, 창왕, 공양왕까지 세 차례나 왕위에 오르기를 권했으나 사양한 것을 말한다.

272) 양자강 남쪽 : 금릉(金陵). 진시황이 망기자(望氣者 : 기운으로 길흉을 가리는 사람)에게 금릉에 천자의 기운이 있다는 말을 듣고 지맥을 끊고 이름을 말릉(秣陵)으로 바꾸었다.

[고려 태조가] 공주의 강남을 두려워하시어[274] 그 자손을 가르친들, 도읍이 아홉 번 바뀌는 일이 사람의 뜻이겠습니까

揚子江南을 꺼리샤 使者를 보내신돌 七代之王을 뉘 마고리잇가

公州ㅣ 江南을 저ᄒᆞ샤 子孫을 ᄀᆞᄅᆞ치신돌 九變之局[275]이 사ᄅᆞᆷ ᄠᅳ디리잇가(15장)

⑫ 도망장(逃亡章)

[수(隋)나라 이밀(李密)이] 도망함에 자기에게 천명이 있음을 믿으며 노래에 자기의 이름이 있음을 믿으니, [훗날] 영명한 임금 앞에서 내내 부끄러워하리[276]

---

273) 칠 대 : 오(吳), 진(晉), 송(宋), 제(齊), 양(梁), 진(陳), 명(明) 등이 도읍했다.

274) 공주의 강남을 두려워하시어 : 고려 태조가 훈요십조에서 차현(車峴) 이남 공주강 밖의 형세가 반역의 조짐이 있으니 그곳 사람을 쓰지 말라 했다. 이성계의 본이 전주(全州)이나 높은 벼슬을 했으니 천명은 어길 수 없다는 의미를 담고 있다.

275) 구변지국(九變之局) : 신지(神誌)가 지은 도참서로 우리나라 도읍은 아홉 번 변하고 조선은 천명을 받아 도읍을 세운다 했다.

[고려 숙종 때에 한양으로] 옮기려 임금이 오시며 [이씨] 성을 가려 한양부윤으로 오니, 오늘날에 내내 우스우리[277)]

逃亡애 命을 미드며 놀애예 일훔 미드니 英主△ 알ᄑᆡ 내내 붓그리리

을모려 님금 오시며 姓 골히야 員[278)]이 오니 오늜나래 내내 웃ᄫᅳ리(16장)

---

276) 영명한 임금 앞에서 내내 부끄러워하리 : 여기서 '영명한 임금'은 당 태종을 말한다. 이밀이 수나라로부터 도망해 많은 계책으로 명망을 얻었다. 이후 이현영이라는 사람이 회자되는 노래에 '이씨 성을 가진 자가 왕이 된다'는 것의 대상을 이밀로 알고 그에게 의탁했다. 이렇듯 이밀은 자신을 노래 주인공으로 생각하고 따르는 사람이 많아지자 거만해졌지만, 당 태종인 이세민이 진정한 노래 주인공인 줄 알자 경복(敬服)하고 부끄러워했다.

277) 오늘날에 내내 우스우리 : 고려 숙종 때 신지와 도선의 도참설에 따라 김위제 등이 한양으로 천도할 것을 권하자 숙종이 궁실을 짓고 얼마간 이곳에 머물렀으나 다시 개경으로 돌아갔다. 또 여러 임금들은 도참설에 따라 한양부윤을 반드시 이씨 성으로 했으나, 이미 천명이 정한 것을 도참설에 따라 막으려 했으니 웃음거리가 될 만하다.

278) 원(員) : 원님. 여기서는 한양부윤을 말한다.

구호(口號)

하늘처럼 높고 땅처럼 두터워서
융성한 공덕을 이루 말할 수 없도다
송덕의 노래로
형용하려 하나이다
악기를 연주하니
엄숙하고도 조화로운 소리로다
만백성이 기쁜 마음으로
영원히 태평성대를 경축하나이다
天高地厚
盛德難名
形諸歌頌
庶幾象成
簫管旣奏
肅雍厥聲
萬姓歡心
永賀昇平

아박(牙拍) 정재

아박 정재는 고려 시대부터 전승된 궁중 무용으로 창사(唱詞, 춤을 출 때 부르는 노랫말)는 〈동동〉을, 무구(舞具, 춤을 출 때 사용하는 도구)는 아박(牙拍)을 사용한다. 고려 시대에는 이 정재의 명칭을 동동 정재라 했는데, 조선 성종 대에 이르러 무구인 아박을 염두에 두면서 아박 정재로 불렀다. 고려 시대의 정재 명칭이 창사를 기준한 것에 비해 조선 시대에 오면 창사 교체의 유연성까지 고려해 무구에 초점을 둔 경향이 반영된 것으로 보인다. 아박은 일반 박(拍, 음악의 시작과 끝을 알려 주는 여섯 조각으로 된 국악기)에 비해 절반 정도의 크기로 원 재료는 상아(象牙)지만 상황에 따라 고래 뼈나 소뼈 혹은 녹각(鹿角)으로 제작하기도 한다. 이처럼 원래 무구의 재료가 서역에서 기인했고, 중국 송나라 때의 악무(樂舞)에 '아박'이 있어 이 정재의 기원을 중국 혹은 서역으로 추정할 수 있다. 아박 정재는 성종 때 잠시 창사 교체 논란이 있었고, 순조 때 효명세자가 지은 한시로 교체된 적이 있었지만, 조선 후기까지 궁중 연향에서 꾸준히 설행(設行)되었다.

1. 동동(動動)

[1][279)]

덕이란 것은 뒷잔에 바치옵고
복이란 것은 앞 잔에 바치옵고
덕이며 복이라 하는 것을
바치러 옵니다
아으 동동다리

[2][280)]

정월의 냇물은
아 얼다 녹다 하는데
세상 가운데 있어서는

279) 〈동동〉 만기(慢機)를 연주한다. 만기는 곡의 완급을 나타내는 것으로 '만기'는 가장 느리고, '중기(中機)'는 보통, '급기'는 빠른 곡을 이른다.

280) 이하 〈동동〉 중기를 연주한다.

이내 몸은 홀로 지내는구나
아으 동동다리

[3]

이월 보름에
아 [님은] 높은 데 빛나는
등불 같구나
모든 사람 비추실 모습이시도다
아으 동동다리

[4]

삼월이 나타나면서 개화한
아 늦봄의 진달래꽃이여
남들이 부러워할 모습을
지녀 태어나셨도다
아으 동동다리

[5]

사월 아니 잊어
아 오셨구나 꾀꼬리 새여
무슨 일인지 녹사[281)]님은
예전의 나를 잊으셨는가
아으 동동다리

[6]

오월 오일에
아 단오날 아침의 약은
천년 동안 영원히 살아갈
약이라 바치옵니다
아으 동동다리

281) 녹사(錄事) : 고려의 관명으로 칠품관 문하녹사(門下綠事).

[7]

유월의 보름에
아 벼랑에 버려진 빗 같구나
[나를] 돌아보실 임을
조금이라도 따라가겠나이다
아으 동동다리

[8]

칠월의 보름에
아 많은 제물 벌여 놓고
임과 함께 가고자 하는
소원을 비옵니다
아으 동동다리

[9]

팔월의 보름은

아 한가윗날이지마는
임을 모시고 지내야
오늘날의 [한가위가] 한가위도다
아으 동동다리

[10]

구월 구일에
아 약이라 먹는
국화꽃이 [각자의 집] 안에 드니
[내가 있는] 초가가 조용하구나
아으 동동다리

[11]

시월에
아 저며 놓은 보로쇠[282] 같구나

282) 보로쇠 : 붉은 수유.

꺾어 버리신 뒤에
지니실 한 분도 없으시도다
아으 동동다리

[12]

십일월의 방 사이 흙바닥에
아 적삼만을 덮고 누워
슬프게도 살아가는구나
고운 임과 따로 스스로 살아가도다
아으 동동다리

[13]

십이월의 분지나무[283]로 깎은
아 올릴 상에 젓가락 같구나
임의 앞에 들어다 가지런히 놓으니

283) 분지나무 : 산추나무.

손님이 가져다 묾니다
아으 동동다리

德으란 곰ᄇᆡ예 받ᄌᆞᆸ고 福으란 림ᄇᆡ[284]예 받ᄌᆞᆸ고
德이여 福이라 호ᄂᆞᆯ 나ᅀᆞ ᄋᆞ라 오소이다
아으 動動[285]다리

正月ㅅ 나릿 므른 아으 어져 녹져 ᄒᆞ논ᄃᆡ
누릿 가온ᄃᆡ 나곤 몸하 ᄒᆞ올로 녈셔
아으 動動다리

二月ㅅ 보로매 아으 노피 현
燈ㅅ블 다호라 萬人 비취실 즈ᅀᅵ샷다
아으 動動다리

三月 나며 開ᄒᆞᆫ 아으 滿春 ᄃᆞᆯ욋고지여[286]
ᄂᆞᄆᆡ 브롤 즈ᅀᅳᆯ 디녀 나샷다

---

284) 곰ᄇᆡ, 림ᄇᆡ : '감(監) · 신주(神主)', '뒷잔 · 앞잔', '자주자주', '신령 · 조상', '신령 · 임금', '안아 받들고', '금잔 · 은잔' 등의 어석이 있다.

285) 동동(動動) : 북소리의 구음, '다리' '두리' 등의 어석이 있다.

286) 만춘(滿春) ᄃᆞᆯ욋고지여 : '만춘ᄃᆞᆯ욋+고지여(3월달의 꽃이여)', '만춘ᄃᆞᆯ+욋고지여(3월달 오얏꽃이여)', '만춘+ᄃᆞᆯ욋고지여(늦봄 진달래꽃이여)' 등의 어석이 있다.

아으 動動다리

四月 아니 니저
므슴다 錄事니ᄆᆞᆫ
아으 오실셔 곳고리 새여
녯 나ᄅᆞᆯ 닛고신뎌
아으 動動다리

五月 五日애
즈믄ᄒᆡᆯ 長存ᄒᆞ샬
아으 수릿날 아ᄎᆞᆷ 藥은
藥이라 받ᄌᆞᆸ노이다
아으 動動다리

六月 ㅅ 보로매
도라보실 니믈
아으 별해 ᄇᆞ룐 빗 다호라[287)]
젹곰 좃니노이다
아으 動動다리

七月 ㅅ 보로매
니믈 ᄒᆞᆫᄃᆡ 녀가져
아으 百種 排ᄒᆞ야 두고
願을 비ᅀᆞᆸ노이다
아으 動動다리

八月 ㅅ 보로ᄆᆞᆫ
니믈 뫼셔 녀곤
아으 嘉俳니리마ᄅᆞᆫ
오ᄂᆞᆯ낤 嘉俳샷다
아으 動動다리

---

287) 별해 ᄇᆞ룐 빗 다호라 : '별이 버린 빛[유성(流星)의 남은 빛]', '벼랑[厓]에 버린 빗[梳]'다워라 등의 어석이 있다.

九月 九日에　　　　　　아으 藥이라 먹논
黃花고지 안해 드니　　새셔 가만ᄒᆞ애라[288]
아으 動動다리

十月애　　　　　　　　아으 져미연 ᄇᆞᄅᆞᆺ[289] 다호라
것거 ᄇᆞ리신 後에　　　디니실 ᄒᆞᆫ 부니 업스샷다
아으 動動다리

十一月ㅅ 봉당 자리예　아으 汗衫 두퍼 누워
슬ᄒᆞᆯᄉᆞ라온뎌[290]　　고우 닐 스싀옴 녈셔
아으 動動다리

十二月ㅅ 분디남ᄀᆞ로 갓곤　아으 나ᄉᆞᆯ盤잇 져다호라
니믜 알ᄑᆡ 드러 얼이노니　소니 가재다 므ᄅᆞ숩노이다[291]

---

288) 새셔 가만ᄒᆞ애라 : '새셔가+만ᄒᆞ애라(세서(歲序)가 늦었구나[晩])', '새셔+가만ᄒᆞ애라(처음보다[新] 아득하구나)', '새셔+가만ᄒᆞ애라(초가집[茅屋]이 조용하구나)' 등의 어석이 있다.

289) ᄇᆞ〃 : '보로쇠', '고로쇠나무', '꽃봉오리 혹은 열매', '활 토시' 또는 '새 골무' 등의 어석이 있다.

290) 슬ᄒᆞᆯᄉᆞ라온뎌 : '슬픈 일이로다', '슬퍼할 일보다 더한 것이여', '슬픔을 말하고자', '슬픔을 불살라 왔건만', '슬피도 살아가는구나' 등의 어석이 있다.

291) 소니 가재다 므[金]숩노이다 : '손님이 가져다 뭅니다', '소니가지[石

아으 動動다리

駑] 무너지다[崩]' 등의 어석이 있다.

무고(舞鼓) 정재

무고 정재는 고려 시대부터 전승된 궁중 무용으로 창사는 〈정읍〉을, 무구는 무고를 사용한다. 무고는 당악기인 교방고(敎坊鼓)와 흡사하며, 《고려사》 악지에 따르면 충선왕 때 이혼(李混, 1252~1312)이 영해(현재 경상북도 영덕군 소재)에서 귀양살이할 때 바다에서 부사(浮査, 뗏목)를 발견해 그것으로 무고를 만들었다고 전한다. 이처럼 무구, 악조가 외래적이므로 설행 또한 이국적이라 할 수 있다. 다만 창사가 백제 가요인 점으로 볼 때, 무고 정재는 국내외 예술 전통을 발전적으로 계승한 결정체라 할 수 있다. 무고 정재는 중종 때 음사(淫辭)설에 휘말려 잠시 〈오관산(五冠山)〉으로 교체하기도 했으나 이후 다시 회복해 조선 후기까지 궁중 연향과 민간에서 전승되었다.

1. 정읍(井邑)

전강	달님이여 높이높이 돋으시어
	어기야 멀리멀리 비추어 주소서
	어기야 어강도리
소엽	아으 다롱디리
후강	[임은] 모든 시장을 다니시는가요
	어기야 진 곳을 디딜까 두렵습니다
	어기야 어강도리
과편	어느 것이나 다 놓고 쉬소서
금선조[292]	어기야 [앞으로] 내 가는 곳 저물까 두렵습니다
	어기야 어강도리
소엽	아으 다롱디리

前腔[293]	ᄃᆞᆯ하 노피곰 도ᄃᆞ샤
	어긔야 머리곰 비취오시라

---

292) 금선조(金善調) : 〈한림별곡〉 6연에 비파의 명연주가로 "금선"이 등장하는 것으로 보아 비파조의 악곡으로 추정된다.

어긔야 어강됴리[294]

小葉[295] 아으 다롱디리

後腔 全 져재[296] 녀러신고요

어긔야 즌 ᄃᆡ를 드ᄃᆡ욜세라

어긔야 어강됴리

過編[297] 어느 이 다[298] 노코시라[299]

金善調 어긔야 내 가논 ᄃᆡ 졈그ᄅᆞᆯ셰라

어긔야 어강됴리

小葉 아으 다롱디리

---

293) 전강(前腔) : 한국 음악의 한 형식으로 전강, 후강(後腔), 대엽(大葉)이 각각 한 군(群)을 이루기도 한다.

294) 어긔야 어*됴리 : 악률(樂律)을 맞추기 위한 무의미어, 북소리의 의성어 장단, '어 큰 달이' 등의 어석이 있다.

295) 소엽(小葉) : 한국 음악의 한 형식으로 엽, 대엽, 중엽, 소엽, 이엽, 삼엽, 사엽, 오엽 등이 있다.

296) 全 져재 : '전주(全州) 시장에', '온 저자에', '후강전(後腔全)+져재(시장에)' 등의 어석이 있다.

297) 과편(過篇) : 중국의 과편(過片), 즉 환두(換頭, 제2편의 1구)로 보기도 한다.

298) 어느 이 다 : '어느 곳이나 다', '어느 것이나 다', '-다-(장소[處])', '어느+이(사람)+모두' 등의 어석이 있다.

299) 노코시라 : '놓고 계시었으면 좋겠다', '놓으시라', '놓고 있으라', '[잡인에게] 놓아 주십시오' 등의 어석이 있다.

학연화대처용무합설(鶴蓮花臺處容舞合設)

학연화대처용무합설은 학무(鶴舞), 연화대무(蓮花臺舞), 처용무(處容舞) 등을 연이어 설행하는 종합 가무악이다. 학무는 고려 시대부터 전하는 정재로 학의 탈을 쓴 두 명이 학을 형용한 것이다. 연화대무는 서역을 기원으로 당송(唐宋)과 고려를 거쳐 조선 시대까지 전승된 춤으로 학이 꽃을 쪼면 그 속에서 여동(女童)이 나오는 모습을 형상화하고 있다. 처용무는 창사에 비추어 그 기원을 신라 시대로 추정하고 있으며 발전 과정에서 독무(獨舞), 대무(對舞), 오방무(五方舞)로 확대했던 것으로 보인다. 《악학궤범》의 합설에서는 처용무는 두 번, 나머지 춤은 한 번 설행한다. 연주 음악은 학무에서는 세령산[300], 삼현도드리[301], 타령[302]을 쓰고, 연화대무에서는 보허자(步虛子)[303], 삼현도드리, 자진도드리타령, 자진타령, 타령을

---

300) 세령산 : 현행 〈영산회상[靈山會相, 석가여래가 설법하던 영산회(靈山會)의 불보살(佛菩薩)을 노래한 악곡]〉의 세 번째 곡.

301) 삼현도드리 : 〈영산회상〉의 다섯 번째 곡.

302) 타령 : 한국 음악의 곡조.

사용한다. 처용무에서는 〈처용가〉 〈봉황음〉 〈정과정〉 〈북전〉의 창사에 각각 처용 만기, 봉황음 중기, 삼진작[304], 북전[305] 급기 등을 연주했다. 춤의 마무리에는 〈미타찬(彌陀讚)〉 〈본사찬(本師讚)〉 〈관음찬(觀音讚)〉 순으로 노래를 부르고 춤을 끝낸다.

---

303) 보허자(步虛子) : 궁중 연악(宴樂)에 쓰이던 합주곡으로 송나라 사악(詞樂) 계통의 곡이다.

304) 삼진작(三眞勻) : 고려 속요 〈정과정〉을 부르는 악곡의 이름이다. 진작(眞勻)은 완급(緩急)에 따라 1~4의 구분이 있다. 진작 1이 가장 느리고 4까지 차츰 빨라진다.

305) 북전(北殿) : 한국 음악의 하나로 뒷뎐 · 후정화(後庭花)라고도 한다.

1. 처용가(處容歌)[306]

전강	신라의 태평성대 빛나는 태평성대 천하가 태평한 것은 나후(羅侯)[307]의 덕 처용아비여 이로써 사람들이 말을 아끼게 되면 이로써 사람들이 말을 아끼게 되면
부엽	모든 재난이 일시에 소멸하시리로다
중엽	아 아비 모습이여 처용아비 모습이여[308]

---

306) 처용가(處容歌) : 향가인 신라 〈처용가〉를 기원으로 하며, 전승하면서 제의성과 오락성 등의 측면으로 분화 · 파생했다. 조선 성종 대에 이르러 다양한 〈처용가〉군을 종합적으로 수용해 연희적 성격을 중심으로 재편한 것으로 보인다. 따라서 처용의 주술성이나 노래의 무가적 성격은 현저히 약화되었다.

307) 나후(羅侯) : 옛날 사람들은 일(日), 월(月), 수(水), 화(火), 목(木), 금(金), 토(土)성에 가상의 두 별을 더해 구요성(九曜星)이라 불렀다. 이 두 별에 의해 일식과 월식이 일어난다고 생각했으며 점성술에서 이를 이용해 길흉을 점쳤다. 나후는 구요성 중 제팔성(第八星)으로 이 직성(直星)에 든 사람은 구설수(口舌數)가 있어 재수가 없기 때문에, 나이가 나후 직성에 이른 자가 처용을 만들어 액막이를 했다. 따라서 여기서 '나후'는 액막이용 '처용'을 말한다.

부엽 머리에 꽂은 꽃이 많아 무거워 기울어진
머리에

소엽 아 오래 사실 넓으신 이마에

후강 산처럼 길고 성한 눈썹에
연인을 바라보시는 듯 동그란 눈에

부엽 풍덕(風德)이 가득해 우그러진 귀에

중엽 복숭아꽃 같은 붉은 얼굴에

부엽 오향나무의 향기 맡으시어 우묵해진 코에

소엽 아 천금 머금으시어 넓어진 입에

대엽 백옥 유리같이 하얀 이에
사람들 칭찬과 성한 복을 받아 내밀어 나
온 턱에
칠보를 둘러 무거워 숙인 어깨에[309)]
길경(吉慶)[310)]에 감겨 늘어진 소매에

부엽 지혜가 모여 유덕한 가슴에

중엽 복과 지혜가 모두 넉넉해 불룩해진 배에
붉은 띠가 무거워 굽은 허리에

---

308) 이하 처용 가면을 묘사한 것이다.

309) 이하 처용무를 묘사한 것이다.

310) 길경(吉慶) : 처용무복에서 단삼(段衫) 소매 끝에 드리운 장식.

부엽　　태평성대를 같이 즐겨 길어진 종아리에
소엽　　아 계면조 가락에 맞추어 도는 넓은 발에

전강　　누가 만들어 세웠는가 누가 만들어 세웠는가[311]
　　　　바늘도 실도 없이 바늘도 실도 없이
부엽　　처용아비를 누가 만들어 세웠는가
중엽　　많이도 많이도
부엽　　십이 제국이 모두 만들어 세워 놓은
소엽　　아 처용아비를 많이도 세워 놓았도다

후강　　(열병신의 노래) 버찌야 오얏아 녹리야
　　　　빨리 나와서 내 신발 코를 매어라
부엽　　아니 곧 맨다면 궂은 말 떨어지리라
중엽　　(처용의 노래) 동경 밝은 달 아래 밤새도록 노닐다가
부엽　　들어와 내 자리를 보니 다리가 넷이로구나
소엽　　아 둘은 내 것인데 둘은 누구 것인가

---

311) 복색(服色)에 따라 다섯 처용[오방(五方) 처용]은 각자 전후좌우로 움직이며 다른 춤들(무릅기피춤, 홍정도돔춤, 불바디작대무, 수양수방무 등)을 추는데 이 부분은 오방 처용무를 묘사한 것이다.

대엽 (화자의 노래) 이럴 적에 처용아비가 본다면
열병신이야 [그대는] 횟감이로다
(열병신의 노래) 천금을 주랴 처용아비야
칠보를 주랴 처용아비야

부엽 (처용이 화자에게 전하는 노래) 천금 칠보도 말고
열병신 잡아 날 주소서

중엽 (이 말을 전해 들은 열병신의 노래) 산이나 들이나 천 리 밖에서

부엽 처용아비를 피하고 가고자

소엽 (화자의 노래) 아 열병대신의 발원이로구나

前腔 新羅盛代 昭盛代
天下太平 羅侯德
處容아바
以是人生애 相不語ᄒᆞ시란ᄃᆡ
以是人生애 相不語ᄒᆞ시란ᄃᆡ

附葉 三災八難[312]이 一時消滅ᄒᆞ샷다

---

312) 삼재팔난(三災八難) : '삼재'는 대삼재인 풍(風), 수(水), 화(火), 소

中葉　　어와 아븨 즈ᅀᅵ여 處容아븨 즈ᅀᅵ여
附葉　　滿頭揷花 계오샤 기울어신 머리예
小葉　　아으 壽命長願ᄒᆞ샤 넙거신 니마해
後腔　　山象이슷 깅어신 눈닙에
　　　　愛人相見ᄒᆞ샤 오ᅀᆞᆯ어신 누네
附葉　　風入盈庭ᄒᆞ샤 우글어신 귀예
中葉　　紅桃花ᄀᆞ티 븕거신 모야해
附葉　　五香 마ᄐᆞ샤 웅긔어신 고해
小葉　　아으 千金 머그샤 어위어신 이베
大葉　　白玉琉璃ᄀᆞ티 ᄒᆡ여신 닛바래
　　　　人讚福盛ᄒᆞ샤 미나거신 ᄐᆞᆨ애
　　　　七寶 계우샤 숙거신 엇게예
　　　　吉慶 계우샤 늘의어신 ᄉᆞ맷길헤
附葉　　설믜 모도와 有德ᄒᆞ신 가ᄉᆞ매
中葉　　福智俱足ᄒᆞ샤 브르거신 ᄇᆡ예
　　　　紅鞓 계우샤 굽거신 허리예
附葉　　同樂大平ᄒᆞ샤 길어신 허튀에
小葉　　아으 界面 도ᄅᆞ샤 넙거신 바래

前腔　　누고 지어ᅀᅥ 셰니오 누고 지ᅀᅥ 셰니오
　　　　바늘도 실도 어ᄡᅵ 바늘도 실도 어ᄡᅵ
附葉　　處容아비ᄅᆞᆯ 누고 지ᅀᅥ 셰니오

삼재 기근, 질병, 도병(刀兵)을 말하고, '팔난'은 기(飢), 갈(渴), 한(寒), 서(署), 수(水), 화(火), 도(刀), 병(兵)을 말한다.

中葉　　마아만 마아만ᄒᆞ니여[313)]

附葉　　十二 諸國이 모다 지ᅀᅥ 셰온

小葉　　아으 處容아비를 마아만ᄒᆞ니여

後腔　　머자 외야자 綠李야

　　　　ᄲᆞᆯ리나 내 신고ᄒᆞᆯ ᄆᆡ야라

附葉　　아니 옷 ᄆᆡ시면 나리어다 머즌 말

中葉　　東京 ᄇᆞᆯᄀᆞᆫ ᄃᆞ래 새도록 노니다가

附葉　　드러 내 자리ᄅᆞᆯ 보니 가ᄅᆞ리 네히로새라

小葉　　아으 둘흔 내 해어니와 둘흔 뉘 해어니오

大葉　　이런 저긔 處容아비옷 보시면

　　　　熱病神이ᅀᅡ 膾ㅅ가시로다

　　　　千金을 주리여 處容아바

　　　　七寶를 주리여 處容아바

附葉　　千金 七寶 말오

　　　　熱病神를 날 자바 주쇼셔

中葉　　山이여 ᄆᆡ히여 千 里 外예

附葉　　處容아비를 어여려거져

小葉　　아으 熱病大神의 發願이샷다

---

313) 마아만 마아만ᄒᆞ니여 : '거룩한 거룩한 분이여', '어마어마하고 위대한 이여', '많고 많은 사람들이여', '맑고도 맑은 사람 또는 처음 지어낸 슬기로운 이여', '마아'를 명사인 '마호(痲胡 : 곰보에 수염투성이 혹은 귀신)로 보는 등의 어석이 있다.

2. 봉황음(鳳凰吟)[314]

전강 산과 강 천 리 이 나라에 아름다운 기운 울창하도다
아홉 겹 궁궐에는 해와 달이 밝았으니
많은 천년 만에 어진 임금을 만났도다
화평한 세상은 봄 동산에 있거늘
많고 많은 백성들은 즐거운 곳에 살고 있도다

부엽 많고 많은 백성들은 즐거운 곳에 살고 있도다

중엽 하늘과 땅이 사심 없이 좋은 복을 내리시니
성군을 축복하는 모든 이들 태평성대의 사

314) 봉황음(鳳凰吟) : 세종의 명으로 윤회(尹淮)가 〈처용가〉를 개찬(改撰)한 것으로, 악보가 《세종실록》 권146에 실려 있다. 그런데 《세종실록》에는 〈봉황음〉 1, 2, 3의 가사가 모두 같은데, 《악학궤범》에는 〈봉황음〉 1기(機)의 가사는 원 가사인 〈처용가〉의 것이고, 〈봉황음〉 중기의 가사가 개찬된 가사다. 여기 실린 《악학궤범》의 향악 정재 가사 〈봉황음〉이 바로 개찬된 중기의 가사인데, 한글 토를 모두 빼고 한문만 늘어놓았다.

람이로다

부엽　　성군을 축복하는 모든 이들 태평성대의 사람이로다

소엽　　문물이 성대하고 창성하니 예악의 빛남은 한당(漢唐)보다 뛰어나도다

후강　　임금의 자손 빼어나 천년 동안 성업(聖業)을 이어 가시니
자손이 번성해 융성하니 만년의 기틀이로다
나라의 많은 경사 옛날보다 뛰어나니
천지가 화락함이 바로 이때로다

부엽　　천지가 화락함이 바로 이때로다

중엽　　즐기는 이른 아침에 임금의 수레 오시니
사람들이 남산처럼 변함없이 장수하기를 기 원하며 술잔을 올리도다

소엽　　서울에 걸맞게 구슬 누각 12루(樓)에 5성(城)[315]을 두었도다

대엽　　도는 건곤(乾坤)과 합해 (임금의) 은혜는

---

315) 구슬 누각 12루(樓)에 5성(城) : 신선이 사는 곳에는 12루 5성이 있다 한다.

비와 이슬처럼 새롭도다
많은 창고에 곡식을 쌓였고 백성들은 성덕의 은택을 입었도다
하늘이 신표를 내려 상서로운 명을 날리시니
바다는 물이 붉고 달은 더욱 밝았도다

부엽　　바다는 물이 붉고 달은 더욱 밝았도다

중엽　　바람 따라 버들나무 가볍게 춤을 추니
이로부터 풍년 들어 웃음소리 들리리로다

부엽　　이로부터 풍년 들어 웃음소리 들리리로다

소엽　　하늘에 짝하시니 성자 자손이 억만년을 누리소서

前腔　　山河千里國에　佳氣鬱 蔥蔥ᄒᆞ샷다
金殿[316]九重에　明日月ᄒᆞ시니
群臣千載예　會雲龍[317]이샷다
熙熙庶俗ᄋᆞᆫ　春臺上이어늘
濟濟群生ᄋᆞᆫ　壽域[318]中이샷다

---

316) 금전(金殿) : '금으로 꾸민 전각이나 전당'으로 궁궐을 말한다.

317) 운룡(雲龍) : '구름을 타고 하늘로 오르는 용'으로 임금을 말한다.

318) 수역(壽域) : 오래 살 수 있는 즐거운 경지를 비유해 이르는 말이다.

附葉	濟濟群生은	壽域中이샷다
中葉	高厚無私ᄒᆞ샤	美旣臻ᄒᆞ시니
	祝堯[319]皆是	太平人이샷다
附葉	祝堯皆是	太平人이샷다
小葉	熾而昌ᄒᆞ시니	禮樂光華ㅣ 邁漢唐이샷다
後腔	金枝秀出	千年聖ᄒᆞ시니
	緜瓞[320]增隆	萬歲基(샷다
	邦家累慶이	超前古ᄒᆞ시니
	天地同和ㅣ	卽此時샷다
附葉	天地同和ㅣ	卽此時샷다
中葉	豫遊淸曉애	玉輿[321]來ᄒᆞ시니
	人頌南山ᄒᆞ야	薦壽杯샷다
小葉	配于京ᄒᆞ시니	十二瓊樓ㅣ 帶五城이샷다
大葉	道與乾坤合	恩隨雨露新이샷다
	千箱登黍도	庶彙荷陶鈞이샷다
	帝錫元符ᄒᆞ샤	揚瑞命ᄒᆞ시니
	滄溟重潤ᄒᆞ고	月重輪이샷다
附葉	滄溟重潤ᄒᆞ고	月重輪이샷다
中葉	風流楊柳에	舞輕盈ᄒᆞ니
	自是豊年	有笑聲이샷다

---

319) 요(堯) : 요임금을 가리키나 여기서는 요임금 같은 현재의 성군을 말한다.

320) 면질(緜瓞) : '오이 덩굴'로 자손의 번성함을 말한다.

321) 옥여(玉輿) : 임금의 수레.

附葉　　自是豊年에　　有笑聲이샷다
小葉　　克配天ᄒᆞ시니　聖子神孫이 億萬年이쇼셔

3. 정과정(鄭瓜亭)322)

전강 내 임 그리워 우는 것이
중강 산 접동새와 내가 비슷하며
후강 [임이] 옳지 않고 거짓인 줄을 아
부엽 이지러진 달과 새벽별만이 아실 것입니다
대엽 넋이라도 임과 함께하고 싶은데 아
부엽 이 같은 생각 임이 부추기지 않았나요
이엽 잘못도 허물도 전혀 없습니다
삼엽 [내 마음을] 편안하게 하기 위해 하신 말씀이로다
사엽 [내 마음은] 애타고 슬픕니다 아
부엽 [내가 임을 잊을 수 없는 것처럼] 임이 벌써 나를 잊을 수는 없어

---

322) 정과정(鄭瓜亭) : 삼진작(三眞勺)을 연주한다. 고려 예종 때 정서(鄭敍, 1116~1171)가 귀양지에서 지은 것으로 《악학궤범》에 기록되기까지 약 400년 정도 구비전승 기간을 가졌다. 〈정과정〉 노랫말에 대한 가장 가까운 기록은 이제현(李齊賢, 1287~1367)이 남긴 역시(譯詩)이며 여기에는 현재 전하는 〈정과정〉의 노랫말 11줄 가운데 4줄만 보이고 있다. 이런 점에서 정서의 원 〈정과정〉은 4줄이며 이후 노랫말은 전승 과정에서 덧붙여진 것으로 볼 수 있다.

오엽 아서라 님이여 [마음을] 돌려 [내 말을] 듣고 사랑해 주소서

前腔 내 님믈 그리ᅀᆞ와 우니다니
中腔 山 졉동새 난 이슷ᄒᆞ요이다
後腔 아니시며[323] 거츠르신ᄃᆞᆯ[324] 아으
附葉 殘月曉星이 아ᄅᆞ시리이다
大葉 넉시라도 님은 ᄒᆞᆫᄃᆡ 녀져라 아으
附葉 벼기더시니[325] 뉘러시니잇가
二葉 過도 허믈도 千萬 업소이다
三葉 ᄆᆞᆯ힛마리신뎌[326]
四葉 ᄉᆞᆯ읏븐뎌[327] 아으
附葉 니미 나ᄅᆞᆯ ᄒᆞ마 니ᄌᆞ시니잇가

---

323) 아니시며 : '임이 않게 여기며', '아니시며', '안 있으며' 등의 어석이 있다.

324) 거츠르신ᄃᆞᆯ : '거칠게 여긴들', '속인들', '망위(妄僞)인 줄은', '거짓인 줄을', '동래에 있다 하더라도' 등의 어석이 있다.

325) 벼기더시니 : '저항하다', '우기다 · 고집하다', '굳게 하다', '어기다', '이간질하다', '버겁게 하다' 등의 어석이 있다.

326) ᄆᆞᆯ힛마리신뎌 : 'ᄆᆞᆯ힛말+이신뎌('무리[衆]의 참언', '맑게 하는 말씀이었구나', '아뢸 말씀이 마르오이다')', 'ᄆᆞᆯ힛+마리신뎌(슬프게 하지 말아 주시오', '그만두셨구나')' 등의 어석이 있다.

327) ᄉᆞᆯ읏븐뎌 : '슬프구나', '사뢰고 싶도다', '사라지고 싶구나', '애타다', '답답하다', '아뢸 말씀을 쏟아붓도다' 등의 어석이 있다.

五葉　　아소 님하 도람 드르샤 괴오쇼셔

4. 북전(北殿)

전강　산과 강 천 리가 장대한 곳에 궁궐은 오색구름 속에 어렸도다

중강　밝은 아침 햇살은 대궐 섬돌에 빛나거늘
향로의 연기는 곤룡포를 둘렀도다

후강　백년 쌓은 덕에 예악을 흥기하시니
태평성대에 빛나는 문화로다

부엽　밝고 빛나는 정치여 요순과 닮았도다

대엽　경사스러운 구름 깊은 곳에 성군을 바라보나니
한 곡의 남훈가[328]에 [백성의] 고통과 괴로움이 풀리도다

부엽　봉황이 와서 춤을 추니 노랫소리[구성(九成)] 훌륭하도다

이엽　풍년이 왔으니 오곡이 구름처럼 풍성하도다

삼엽　썩어 남을 곡식이요 흔해 녹슬 돈이로다

사엽　음과 양이 이법(理法)에 순응해 비를 알아서 내

328) 남훈가(南薰歌) : 순임금이 백성의 화락함과 나라의 태평함을 기원한 노래다.

리니

부엽　모든 집에서 [끼니마다] 밥 짓는 연기로구나 태평성대의 백성이로다

오엽　모든 것을 위무하시니 만수무강하시어 천만 년을 누리소서

前腔	山河千里壯애	宮殿에 五雲高ㅣ로다나
中腔	輝輝瑞日은	明螭陛[329)]어늘
	香烟은	繞袞袍ㅣ로다나
後腔	積德百年에	興禮樂ᄒᆞ시니
	垂衣[330)]一代	煥文章이로다
附葉	雍熙至治여	邁虞唐이로다
大葉	慶雲深處에	仰重瞳[331)]ᄒᆞ니나는
	一曲南薰에	解慍風이로다나
附葉	鳳凰이 來舞ᄒᆞ니	九成中이로다
二葉	大有年ᄒᆞ니	禾稼ㅣ 與雲連이로다
三葉	紅腐之粟이오	貫朽錢이로다
四葉	陰陽이 順軌ᄒᆞ야	雨露均ᄒᆞ니

329) 이폐(螭陛) : 대궐의 계단.

330) 수의(垂衣) : '아무 일도 하지 않고 옷을 늘어뜨린다'는 뜻으로 무위(無爲)의 정치를 칭송하는 말이다.

331) 중동(重瞳) : '겹으로 된 눈동자'로 순임금을 가리킨다. 여기서는 임금을 말한다.

附葉　　萬家烟火ㅣ여　　太平民이로다

五葉　　撫五辰ᄒᆞ시니　　聖壽無彊ᄒᆞ샤 千萬春이쇼셔

5. 미타찬(彌陀讚)

정수리에 살로 상투를 하신 모습 나무아미타불
정수리에 살로 상투를 하신 모습 나무아미타불
보랏빛 털을 가진 상 나무아미타불
눈썹 사이에 흰 털을 지닌 상 나무아미타불
눈썹은 가늘고 긴 모습 나무아미타불
맑고 깨끗한 눈의 모습 나무아미타불
모든 깨달음의 소리를 듣는 귀를 지닌 모습 나무아미타불
높고 둥글고 곧은 코의 모습 나무아미타불
넓고 긴 혀의 모습 나무아미타불
몸은 금빛의 모습 나무아미타불

無見頂上相[332] 南無阿彌陀佛[333]

---

332) 무견정상상(無見頂上相) : 부처의 정수리에 있는 뼈가 솟아 저절로 상투 모양이 된 것으로 인간계나 천상에서 볼 수 없는 일이므로 이렇게 말한다. 부처의 팔십수형호(八十隨形好)의 하나다.

333) 나무아미타불(南無阿彌陀佛) : 아미타불[무량수불(無量壽佛) 혹은 무량광불(無量光佛)로 서방 정토에 살면서 인간을 구제하는 부처]에 귀의한다는 의미다.

頂上肉髻[334]相　南無阿彌陀佛
髮紺琉璃相　南無阿彌陀佛
眉間白毫[335]相　南無阿彌陀佛
眉細垂楊相　南無阿彌陀佛
眼目淸淨相　南無阿彌陀佛
耳聞諸聲相　南無阿彌陀佛
鼻高圓直相　南無阿彌陀佛
舌大法螺相　南無阿彌陀佛
身色眞金相　南無阿彌陀佛

---

334) 육계(肉髻) : 머릿살 상투. 무견정상상과 같은 말이다.

335) 백호(白毫) : 부처의 삼십이상(相)의 하나로, 눈썹 사이에 난 털로서 광명을 무량세계에 비춘다고 한다.

6. 본사찬(本師讚)

세상의 대도사이신 석가세존[336)]

윤회하는 삼계[337)]의 도사이신 석가세존

태(胎)·난(卵)·습(濕)·화(化)생의 자애로운 아버지인 석가세존

영산[338)]의 대교주[339)]이신 석가세존

하늘 중의 하늘이요, 성인 중에 성인이신 석가세존

팔상[340)]으로 도를 처음 이룬 석가세존

---

336) 석가세존 : 석가모니를 높여 이르는 말이다. 부처의 명호는 다양하며 모두 칭송하는 뜻이다. 여래십호[如來十號 : 여래(如來), 응공(應供), 정변지(正遍智), 명행족(明行足), 선서(善逝), 세간해(世間解), 무상사(無上士), 조어장부(調御丈夫), 천인사(天人師), 불(佛), 세존(世尊)]와 대자비자(大慈悲者), 일체지자(一切智者), 일체견자(一切見者), 개도자(開道者), 대사문(大沙門), 대성인(大聖人), 양족존(兩足尊), 천중천(天中天), 인중인사자(人中人獅子) 등이 있다.

337) 삼계(三界) : 중생이 윤회하는 세 가지 세계인 욕계(欲界), 색계(色界), 무색계(無色界)를 말한다.

338) 영산(靈山) : 영취산(靈鷲山). 석가모니가 법화경과 무량수경을 강론한 곳이다.

339) 대교주(敎主) : 석가모니.

악마를 항복시키고 불법을 전하는 석가세존

세 가지 지혜와 여섯 가지 능력을 지닌 석가세존

열 가지 능력을 지니고 네 가지 두려움이 없는 석가세존

아홉 번 참선해 여덟 번 해탈하신 석가세존

삼십칠도품을 행하신 석가세존

서른두 가지 뛰어난 모습을 지닌 석가세존

팔십 가지 남다른 특징을 가진 석가세존

황금빛 몸을 가진 석가세존

대천세계에 광명을 비추시는 석가세존

백억의 사찰에 몸을 나누어 계신 석가세존

세속의 번뇌를 모두 벗은 석가세존

공덕을 시방의 모든 부처에게 끼치시는 석가세존

人天大道師　　釋伽世尊
三界道師　　釋伽世尊

---

340) 팔상(八相) : 부처가 중생을 제도하기 위해 세상에 보인 여덟 가지 상(相). 대승 불교에서는 종도솔천퇴상(從兜率天退相), 입태상(入胎相), 주태상(住胎相), 출태상(出胎相), 출가상(出家相), 성도상(成道相), 전법륜상(轉法輪相), 입열반상(入涅槃相)을, 소승 불교에서는 종도솔천하상(從兜率天下相), 탁태상(託胎相), 출생상(出生相), 출가상, 항마상(降魔相), 성도상, 전법륜상, 입열반상 등을 말한다.

四生慈父　　　　釋伽世尊
靈山大教主　　　釋伽世尊
天中天聖中聖　　釋伽世尊
八相始成道[341]　　釋伽世尊
降魔轉法輪[342]　　釋伽世尊
三明[343]六神通[344]　釋伽世尊
十力[345]四無畏[346]　釋伽世尊

---

341) 팔상시성도(八相始成道) : '팔상성도'란 석가가 일생 가운데 팔상(八相)으로 이룬 도(道)를 말한다.

342) 전법륜(轉法輪) : 부처가 정도(正道)를 열어 설법하는 일.

343) 삼명(三明) : 부처가 가지고 있는 세 가지 지혜로 숙명지증명(宿命智證明 : 나와 남의 전생을 환히 아는 지혜), 생사지증명(生死智證明 : 중생의 미래 생사와 과보를 환히 아는 지혜), 누진지증명(漏盡智證明 : 번뇌를 모두 끊어 내세에 미혹한 생존을 받지 않음을 아는 지혜)을 말한다.

344) 육신통(六神通) : 여섯 가지 불가사의한 능력으로 신족통(神足通 : 마음대로 갈 수 있고 변할 수 있는 능력), 천안통(天眼通 : 모든 것을 막힘없이 꿰뚫어 환히 볼 수 있는 능력), 천이통(天耳通 : 모든 소리를 마음대로 들을 수 있는 능력), 타심통(他心通 : 남의 마음속을 아는 능력), 숙명통(宿命通 : 나와 남의 전생을 아는 능력), 누진통(漏盡通 : 번뇌를 모두 끊어, 내세에 미혹한 생존을 받지 않음을 아는 능력) 등을 말한다.

345) 십력(十力) : 부처만이 갖추고 있는 열 가지 지혜의 능력으로 처비처지력(處非處智力 : 이치에 맞는 것과 맞지 않는 것을 분명히 구별하는 능력), 업이숙지력(業異熟智力 : 선악의 행위와 그 과보를 아는 능력), 정려해탈등지등지지력(靜慮解脫等持等至智力 : 모든 선정에 능숙

九禪八解脫	釋伽世尊
三十七助道法[347]	釋伽世尊
三十二應[348]	釋伽世尊

함), 근상하지력(根上下智力 : 중생의 능력이나 소질의 우열을 아는 능력), 종종승해지력(種種勝解智力 : 중생의 여러 가지 뛰어난 판단을 아는 능력), 종종계지력(種種界智力 : 중생의 여러 가지 근성을 아는 능력), 편취행지력(遍趣行智力 : 어떠한 수행으로 어떠한 상태에 이르게 되는지를 아는 능력), 숙주수념지력(宿住隨念智力 : 중생의 전생을 기억하는 능력), 사생지력(死生智力 : 중생이 죽어 어디에 태어나는지를 아는 능력), 누진지력(漏盡智力 : 번뇌를 모두 소멸시키는 능력) 등을 말한다.

346) 사무외(四無畏) : 부처가 가르침을 설할 때 확신하고 있기 때문에 누구에게도 두려움이 없는 네 가지로 정등각무외(正等覺無畏 : 바르고 원만한 깨달음을 이루었으므로 두려움이 없음), 누영진무외(漏永盡無畏 : 모든 번뇌를 끊었으므로 두려움이 없음), 설장법무외(說障法無畏 : 끊어야 할 번뇌에 대해 설하므로 두려움이 없음), 설출도무외(說出道無畏 : 미혹을 떠나는 수행 방법에 대해 설하므로 두려움이 없음) 등이다.

347) 삼십칠조도법(三十七助道法) : 열반에 들기 위해 실천해야 할 37개 항목을 이르는 말로 사념처관(四念處觀)[신념처관(身念處觀), 수념처관(受念處觀), 심념처관(心念處觀), 법념처관(法念處觀)], 사정근(四正勤)[이생악령영단(已生惡令永斷), 미생악령불생(未生惡令不生), 이생선령증장(已生善令增長), 미생선령생(未生善令生)], 사여의족(四如意足)[욕여의족(欲如意足), 정진여의족(精進如意足), 심여의족(心如意足), 사유여의족(思惟如意足)] 등을 말한다.

八十種好349)　　釋伽世尊

---

348) 삼십이응(三十二應) : 삼십이상(三十二相). 발바닥이 평평한 모습, 발바닥에 두 개의 수레바퀴가 있는 모습, 손가락이 가늘고 긴 모습, 손발이 매우 부드러운 모습, 손가락 발가락에 엷은 비단결 같은 막이 있는 모습, 발꿈치가 원만해 오목한 데가 없는 모습, 발등이 복스러운 모습, 종아리의 살결이 부드럽고 둥근 것이 사슴과 같은 모습, 손이 무릎까지 내려가는 모습, 남근이 평소에는 감추어져 있는 모습, 키가 두 팔을 편 길이와 같은 모습, 청색의 털이 나 있는 모습, 털끝이 위로 향한 모습, 온몸이 황금빛인 모습, 몸에서 솟는 광명이 한 길이나 되는 모습, 살결이 매끄럽고 보드라운 모습, 두 발바닥 손바닥 두 어깨 정수리가 모두 평평하고 둥근 모습, 두 겨드랑이가 보기 좋은 모습, 몸매가 사자와 같은 모습, 몸이 곧고 단정한 모습, 두 어깨 다 둥글고 두툼한 모습, 40개의 이가 있는 모습, 이가 희고 가지런하며 빽빽한 모습, 네 개의 어금니가 희고 깨끗한 모습, 두 볼의 원만함이 사자의 얼굴과 같은 모습, 목구멍에서 맛 좋은 진액이 나오는 모습, 혀가 넓고 긴 모습, 목소리가 맑고 멀리 들리는 모습, 눈동자가 검푸른 모습, 속눈썹이 소의 것과 같은 모습, 두 눈썹 사이에 흰 털이 있는 모습, 정수리에 주먹 같은 살 상투가 있는 모습 등이다.

349) 팔십종호(八十種好) : 부처의 미세한 신체적 특징으로 수족지갑개실고기(手足指甲皆悉高起 : 손톱과 발톱이 모두 높이 솟아 있음), 지갑여적동(指甲如赤銅 : 손톱과 발톱의 빛깔이 붉은 구리와 같음), 지갑윤택(指甲潤澤 : 손톱과 발톱이 윤택함), 수문윤택(手文潤澤 : 손금이 윤택함), 수문리심(手文理深 : 손금이 깊음), 수문분명현저(手文分明顯著 : 손금이 분명하게 드러남), 수문단세(手文端細 : 손금이 단정하고 가늚), 수족불곡(手足不曲 : 손발이 굽어 있지 않음), 수지섬장(手指纖長 : 손가락이 가늘고 긺), 수지원만(手指圓滿 : 손가락이 둥글고 풍만

함), 수지단점세(手指端漸細 : 손가락 끝이 점점 가늘어짐), 수지불곡(手指不曲 : 손가락이 굽어 있지 않음), 근맥불로(筋脈不露 : 근육과 혈관이 드러나지 않음), 과불현(踝不現 : 복사뼈가 드러나지 않음), 족하평(足下平 : 발바닥이 평평함), 족근원정(足跟圓正 : 발뒤꿈치가 둥글고 반듯함), 순색적호여빈파과(脣色赤好如頻婆果 : 입술이 붉고 좋아 빈파 열매 같음), 성불추광(聲不麤擴 : 목소리가 추악하지 않음), 설유연색여적동(舌柔軟色如赤銅 : 혀가 부드럽고 빛깔은 붉은 구리 같음), 성여뢰음청창화아(聲如雷音淸暢和雅 : 목소리가 천둥소리 같지만 맑고 부드러움), 제근구족(諸根具足 : 모든 감각기관이 잘 갖추어져 있음), 비섬장(臂纖長 : 팔뚝이 가늘고 길), 신청정엄호(身淸淨嚴好 : 몸이 맑고 깨끗하며 위엄이 있고 잘생김), 신체유연(身體柔軟 : 몸이 부드러움), 신체평정(身體平正 : 몸이 고르고 바름), 신무결감(身無缺減 : 몸에 결함이 없음), 신점섬직(身漸纖直 : 몸이 점차 가늘고 곧음), 신부동요(身不動搖 : 몸이 흔들리지 않음), 신분상칭(身分相稱 : 몸의 각 부분이 서로 가지런함), 슬륜원만(膝輪圓滿 : 무릎이 둥글고 풍만함), 신경묘(身輕妙 : 몸이 가볍고 묘함), 신유광명(身有光明 : 몸에 광명이 있음), 신무사곡(身無斜曲 : 몸이 비뚤거나 굽어 있지 않음), 제심(臍深 : 배꼽이 깊음), 제불편(臍不偏 : 배꼽이 치우치지 않음), 제칭위(臍稱位 : 배꼽이 위치에 맞음), 제청정(臍淸淨 : 배꼽이 깨끗함), 신단엄(身端嚴 : 몸이 단정하고 위엄이 있음), 신극정변발광명파제명명(身極淨遍發光明破諸冥暝 : 몸이 지극히 깨끗해 두루 광명을 발하므로 모든 어둠을 깨뜨림), 행여상왕(行如象王 : 다니는 것이 코끼리 왕과 같음), 유보여사자왕(遊步如獅子王 : 걷는 것이 사자 왕 같음), 행여우왕(行如牛王 : 다니는 것이 소의 왕과 같음), 행여아왕(行如鵝王 : 다니는 것이 거위 왕과 같음), 행순우(行順右 : 다닐 때 오른쪽으로 움직임), 복원만(腹圓滿 : 배가 둥글고 풍만함), 복묘호(腹妙好 : 배가 묘하고 보기 좋음), 복불편곡(腹不偏曲 : 배가 치우치거나 굽어 있지 않음), 복상하현(腹相下現 : 배 모양이 드러나지 않음), 신무흑자(身無黑子 : 몸에 검은 점이 없음), 아원정(牙圓正 : 어금니가 둥글고 반듯함), 치백제밀(齒白齊密 : 이가 희고 가지런하고 빽빽함), 사아균등(四牙均等 : 네 개의 어금니가 고르고 같음), 비고수직(鼻高修直 : 코가 높고 길며 곧바름), 양목명정(兩目明淨 : 두 눈이 밝고 깨끗함), 목무구예(目無垢穢 : 눈에 눈꼽이 없음), 목미묘(目美妙 : 눈이 아름답고 묘함), 목수광(目脩廣 : 눈이 길고 넓음), 목단정(目端正 : 눈이 단정함), 목여청련(目如靑蓮 : 눈이 푸른 연꽃 같음), 미섬이장(眉纖而長 : 눈썹이 가늘고 긺), 견자개생희(見者皆生喜 : 보는 사람이 모두 기뻐함), 미색청감(眉色靑紺 : 눈썹 빛깔이 검푸름), 미단점세(眉端漸細 : 눈썹 끝이 점점 가늘어짐), 양미두미상접련(兩眉頭微相接連 : 두 눈썹과 머리가 희미하게 서로 맞닿아 이어져 있음), 협상평만(頰相平滿 : 볼이 평평하고 풍만함), 협무결감(頰無缺減 : 볼에 결함이 없음), 협무과오(頰無過惡 : 볼에 잘못되거나 미운 데가 없음), 신불결감무소기혐(身不缺減無所譏嫌 : 몸에 결함이 없어 조롱하거나 싫어할 곳이 없음), 제근적연(諸根寂然 : 여러 감각기관이 고요함), 미간호상광백선결(眉間毫相光白鮮潔 : 눈썹 사이의 터럭 모양은 흰 빛이 나며 깨끗함), 액광평정(額廣平正 : 이마가 넓고 평평하며 바름), 두정원만(頭頂圓滿 : 정수리가 둥글고 풍만함), 발미흑(髮美黑 : 머리칼이 아름답고 검음), 발세연(髮細軟 : 머리칼이 가늘고 부드러움), 발불란(髮不亂 : 머리칼이 어지럽지 않음), 발향결(髮香潔 : 머리칼이 향기롭고 깨끗함), 발윤택(髮潤澤 : 머리칼이 윤택함), 발유오만자[髮有五卍字 : 머리칼에 다섯 개의 만(卍) 자가 있음], 발채라선(髮彩螺旋 : 머리칼이 빛나고 소라처럼 돌아 있음), 발유난타월다길륜어상(髮有難陀越多吉輪魚相 : 머리칼에 난타월다 길륜어의 모양이 있음) 등이다.

紫摩金色身　　釋伽世尊
光明照大千[350]　釋伽世尊
吩身百億刹　　釋伽世尊
道脫十方界　　釋伽世尊
功德冠諸佛　　釋伽世尊

350) 대천세계(大千世界) : 4대주와 해와 달, 수미산과 욕계육천(欲界六天), 초선천[初禪天 : 욕계육천 위에 있는 색계(色界) 가운데 첫 선천(禪天)]을 모두 천 배 한 것을 소천세계, 이 소천세계의 천 배를 중천세계, 이 중천세계의 천 배를 대천세계라 한다.

7. 관음찬(觀音讚)

모든 곳에 두루 통하는 관세음보살

보타락가산에서 현신하고 법문하신 관세음보살

출가 수행자 제고[351] 선신(善神) 관세음보살

중생에게 즐거움을 주시는 관세음보살

중생을 사랑하고 아끼는 관세음보살

서른두 가지 응신(應身)[352]을 이룬 관세음보살

열네 가지 두려움을 물리치고자 관세음보살

중생의 고통을 구제하는 관세음보살

성불을 맹세하신 관세음보살

천 개의 손과 천 개의 눈을 가진 관세음보살

물고기 알주머니[353]를 지닌 관세음보살

이마 위에 아미타불 모시는 관세음보살

---

351) 제고(濟苦) : 수행한 다음에도 해탈하지 못한 귀신 가운데 하나.

352) 응신(應身) : 중생을 제도하기 위해 중생의 기근(機根)에 맞는 모습으로 나타난 부처.

353) 물고기 알주머니 : 불교에서 물고기는 종종 부지런히 수행함을 비유하며 물고기의 알은 수행의 정도를 뜻하기도 해서 사리함의 무늬로 쓰이기도 한다.

모든 꽃이 그 꽃받침부터 향기가 일어나고
만발한 꽃은 그 빛으로 색을 더하니
두루 통한 관세음이
부처를 이어 모든 곳에 계시도다
백 가지의 복을 빈틈없이 고루 나타내시고
영묘한 힘은 헤아릴 수 없으니
한 가지 마음으로 부처님을 부르면
재앙은 곧 없앨 것이라 하느니라
은혜가 온 세상에 내리고
서늘한 비는 혼탁한 티끌마저 없애나니
뼈저린 소원을 어찌 그만두시리오
공덕으로 모든 사람을 구제하셨도다
태어나는 생명들에는 원수와 해함이 많아
여덟 가지 고통이 서로 절박하거늘
가르침을 찾아 괴로움 구제하시며
염원에 응답해 즐거움을 주시느니라
인위적이지 않은 묘한 스스로의 힘과
서른두 가지의 현묘하게 현신(現身)함과
두려움을 없애는 것을
중생에게 베푸시니

불교 세계에 널리 복을 더하느니라
늘 세 가지 지혜가 들어와
이내 두 가지 마음을 바로잡음이 뛰어나시니
깨달음을
보살이 홀로 능히 증험(證驗)하시니라
헤아릴 수 없는 신묘한 덕이여
이름이 백억계에 두루 미치시니
관세음의 정성(淨聖) 끝없는 은택이
이 세계 흘러 널리 퍼지시니라

圓通教主354)　觀世音菩薩
補陀355)大師　觀世音菩薩
聞聲356)濟苦　觀世音菩薩
拔苦357)與樂　觀世音菩薩

---

354) 원통교주(圓通教主) : 관세음보살은 시방세계에 모두 통한다고 해서 원통교주라 한다.

355) 보타(補陀) : 보타락가산(補陀洛迦山). 관세음보살이 이 산에서 현신(現身)했다고 한다.

356) 문성(聞聲) : 성문(聲聞). 불교의 교설(教說)을 듣고 해탈을 위해 수행하는 자를 말한다.

357) 발고(拔苦) : 괴로움을 없애다. 자비로써 중생의 괴로움을 없애 주고 즐거움을 주는 일을 말한다.

大慈大悲[358]　觀世音菩薩
三十二應　觀世音菩薩
十四無畏[359]　觀世音菩薩
救苦衆生　觀世音菩薩
不取正覺[360]　觀世音菩薩
千手千眼　觀世音菩薩
手持魚囊　觀世音菩薩
頂戴彌陀　觀世音菩薩

白花ㅣ 芬其萼ᄒᆞ고
香雲이 彩其光ᄒᆞ니
圓通觀世音이
承佛遊十方이샷다
權相百福嚴ᄒᆞ시고
威神[361]이 巍莫側이시니

---

358) 대자대비(大慈大悲) : 중생을 사랑하고 불쌍히 여기는 마음을 말한다.

359) 십사무외(十四無畏) : 14가지 두려움을 없애는 공덕을 말한다.

360) 불취정각(不取正覺) : 아미타불이 그랬던 것처럼 내(관세음보살)가 중생을 구원하지 못한다면 정각(깨달음)을 취하지 않겠다는 맹세를 말한다.

361) 위신(威神) : 부처가 가진 영묘(靈妙)하고도 불가사의(不可思議)한 힘을 말한다.

一心若稱名ᄒᆞᅀᆞ오면
千殃이 卽珍滅ᄒᆞᄂᆞ니라
慈雲362)이 布世界ᄒᆞ고
凉雨ㅣ 洒昏塵ᄒᆞᄂᆞ니
悲願363)이 何曾休ㅣ시리오
功德으로 濟天人이샷다
四生364)이 多怨害365)ᄒᆞ야
八苦366)ㅣ 相煎迫이어늘
尋聲而濟苦ᄒᆞ시며
應念而與樂ᄒᆞ시ᄂᆞ니라
無作自在力과

362) 자운(慈雲) : 은혜가 구름처럼 널리 퍼진다.

363) 비원(悲願) : 불보살의 자비의 대원(大願), 아미타불의 사십팔원(아미타불이 중생을 구제하기 위해 세운 48가지 서원)과 약사여래의 십이원(중생의 아픔과 슬픔을 소멸시키기 위한 12가지 대원) 등 슬프고 뼈저린 소원을 말한다.

364) 사생(四生) : 생물이 태어나는 네 가지 형태인 태생(胎生), 난생(卵生), 습생(濕生), 화생(化生) 등을 말한다.

365) 원해(怨害) : 원수와 해함. 살전도(殺顚倒 : 원한 관계로 윤회)를 말한다.

366) 팔고(八苦) : 사람이 세상에서 면하기 어렵다고 하는 여덟 가지 괴로움인 생고(生苦), 노고(老苦), 병고(病苦), 사고(死苦), 애별리고(愛別離苦), 원증회고(怨憎會苦), 구부득고(求不得苦), 오음성고(五陰盛苦) 등을 말한다.

妙應[367]三十二와
無畏늘
施衆生ᄒᆞ시니
法界普添利ᄒᆞᄂᆞ니라
始終三慧[368]入ᄒᆞ시고
乃獲二殊勝[369]ᄒᆞ시니
金剛[370]三摩地[371]를
菩薩이 獨能證ᄒᆞ시니라
不思議妙德이여
名偏百億界ᄒᆞ시니
淨聖[372]無邊澤이
流波及斯世시니라

367) 묘응(妙應) : 현묘하게 응신(應身)하는 것이다.

368) 삼혜(三慧) : 세 가지의 지혜로, 경전을 통해 얻는 문혜(聞慧), 진리를 깨닫는 사혜(思慧), 선정(禪定)을 닦아서 마친 뒤에 얻는 수혜(修慧)를 말한다.

369) 수승(殊勝) : 세상에서 드물게 존재할 만큼 아주 뛰어나다.

370) 금강(金剛) : 대일여래의 지덕(智德)을 비유적으로 이르는 말이다.

371) 삼마지(三摩地) : 삼매(三昧). 마음을 한곳에 집중해 산란하지 않은 상태를 말한다.

372) 정성(淨聖) : 세간의 소리를 듣고 모든 진망(塵網)을 여의게 하다.

교방가요(敎坊歌謠)

교방가요는 교방[373]의 기생들이 임금이 환궁(還宮)할 때 행로(行路)에서 임금의 수레를 즐겁게 맞이하는 행사다. 여민락(與民樂) 〈영(令)〉의 연주와 노래, 〈학무〉와 〈연화대무〉, 〈환궁악(還宮樂)〉 연주 등으로 구성되었다.

373) 교방(敎坊) : 장악원(掌樂院)의 좌방과 우방을 이르는 말로 좌방은 아악을, 우방은 속악을 담당했다.

1. 문덕곡(文德曲)[374]

① 개언로(開言路)

대궐이 엄해 구중으로 깊으니
하루에 쌓이는 정무 많기도 하구나
임금은 백성의 사정을 반드시 알아야 해서
언로를 활짝 열어 사방으로 보고 듣고 하는구나
활짝 열린 언로를 그대는 보지 못했는가
우리 임금의 덕은 순임금과 같도다
아 우리 임금의 덕은 순임금과 같도다

法宮이 有嚴深九重ᄒᆞ시니
一日萬機[375]紛其叢ᄒᆞ샷다
君王이 要得民情通ᄒᆞ샤
大開言路達四聰[376]ᄒᆞ시다

374) 문덕곡(文德曲) : 태조 2년(1393) 정도전이 지은 것으로 태조의 덕을 '개언로(開言路), 보공신(保功臣), 정경계(正經界), 정예악(定禮樂)' 4장으로 나누어 노래하고 있다.

375) 만기(萬機) : 임금이 보는 여러 가지 정무를 말한다.

開言路君不見[377]가
我后之德이 與舜同ᄒᆞ샷다
아으 我后之德이 與舜同ᄒᆞ샷다

② 보공신(保功臣)

성인께서 천명을 받아 나는 용을 타시니
수많은 인재 다투어 구름처럼 따르도다
지혜를 다하고 힘을 내어 그 공업을 이뤘으니
산과 강으로 맹세하기를 한결같이 보호하노라
공신 보호하기를 그대는 보지 못했는가
우리 임금의 덕을 영원히 전하리로다
아 우리 임금의 덕을 영원히 전하리로다

聖人受命乘飛龍ᄒᆞ시니
多士ㅣ 競起如雲從ᄒᆞ샷다

---

376) 사총(四聰) : 널리 사방의 사물을 견문하다.

377) 군불견(君不見) : 《태조실록》에는 "신소견(臣所見 : 신의 소견으로는)"으로 되어 있으나 《악학궤범》에서 "군불견"으로 바뀐 이유는 시적 감흥을 극대화하기 위해서인 듯하다. 각 장 마지막 행의 중복 추가와 한글 현토도 같은 맥락에서 이해할 수 있다.

騁謀効力이 成厥功ᄒᆞ시니
誓以山河로 保始終ᄒᆞ샷다
保功臣君不見가
我后之德이 垂無窮ᄒᆞ샷다
아으 我后之德이 垂無窮ᄒᆞ샷다

③ 정경계(正經界)

토지 경계 허물어져 오래도록 돌보지 않으니
강한 자는 겸병하고 약한 자는 빼앗겼도다
우리 임금 이를 바로잡아 고르게 하셨으니
창고는 넉넉해 백성들을 편하게 하셨도다
토지 경계 바로잡음을 그대는 보지 못했는가
임금이시여 즐겁게 천년을 누리소서
아 임금이시여 즐겁게 천년을 누리소서

經界壞矣라 久不修ᄒᆞ야
强幷弱削相包休커늘
我后ㅣ 正之ᄒᆞ샤 期甫周ᄒᆞ니
倉廩克富民息休ᄒᆞ두다
正經界君不見가

烝[378]哉樂愷享千秋ᄒᆞ샷다
아으 烝哉樂愷享千秋ᄒᆞ샷다

④ 정예악(定禮樂)

정치의 요체는 예악에 있으니
안방에서 시작해서 나라에 이르도다
우리 임금 예악을 정비해 법칙을 삼으니
질서가 정연하고 조화로워 즐거워하도다
예악 정비하는 것을 그대는 보지 못했는가
공업의 성공과 정치의 안정은 하늘과 닮았도다
아 공업의 성공과 정치의 안정은 하늘과 닮았도다

爲政之要ㅣ 在禮樂ᄒᆞ니
近自閨門이오 達邦國ᄒᆞ니라
我后ㅣ 定之ᄒᆞ샤 垂典則ᄒᆞ시니
秩然以序코 和以睪ᄒᆞ샷다
定禮樂君不見가
功成治定이 配無極ᄒᆞ샷다

378) 증(烝) : 임금.

아으 功成治定이 配無極ᄒᆞ샷다

부록

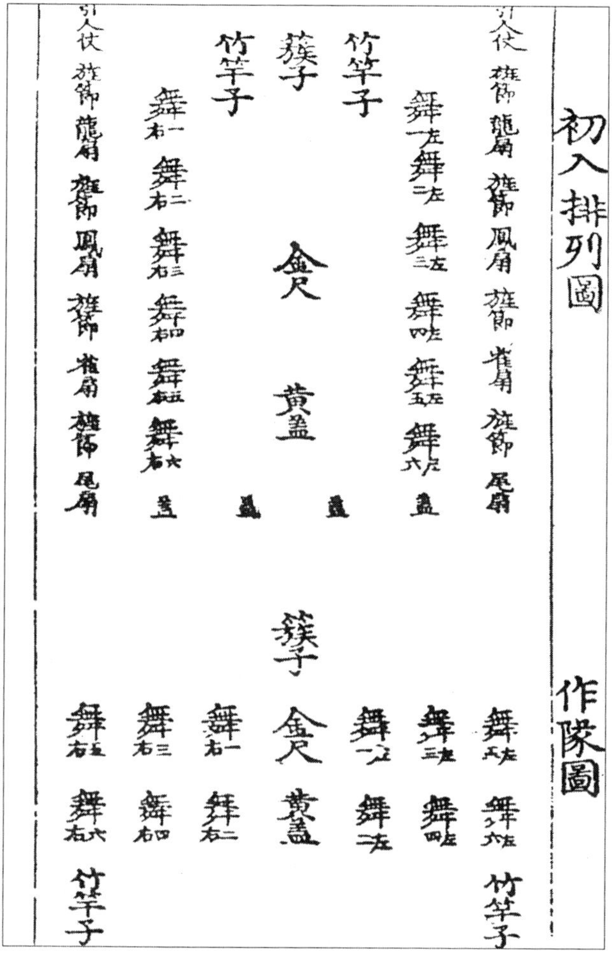

〈금척(金尺)〉 초입 배열도와 작대도

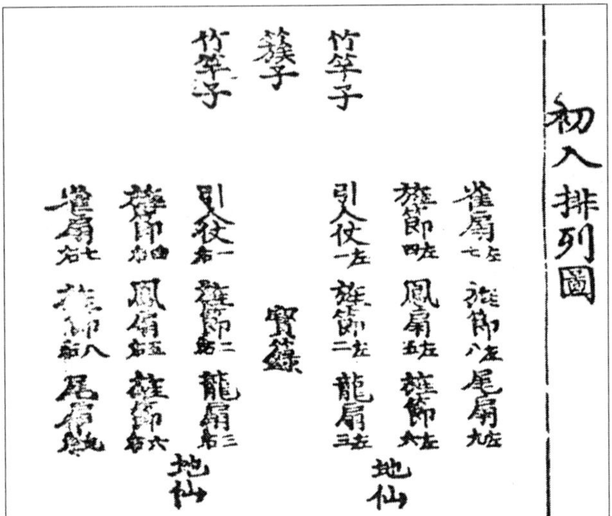

〈수보록(受寶籙)〉 초입 배열도와 회무도

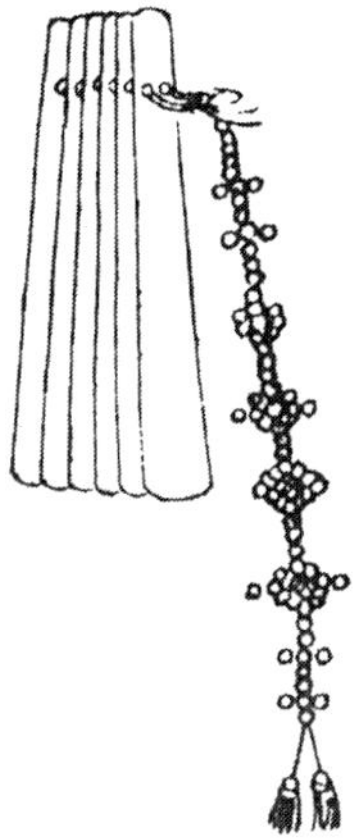

아박(牙拍)

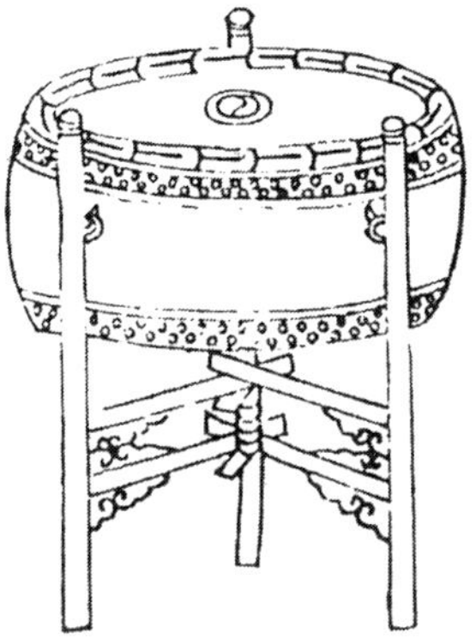

무고(舞鼓)

처용 사모(處容 紗帽)

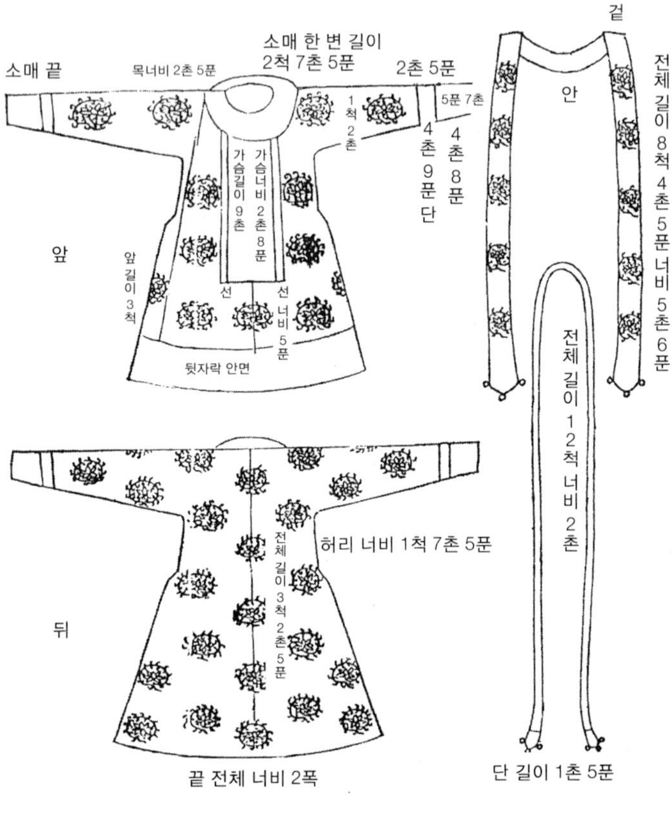

소매 끝
목너비 2촌 5푼
소매 한 변 길이
2척 7촌 5푼
2촌 5푼
5푼 7촌
1척 2촌
4촌 9푼 단
4촌 8푼
가슴길이 9촌
가슴너비 2촌 8푼
앞
앞길이 3척
선
선 너비 5푼
뒷자락 안면
겉
안
전체 길이 8척 4촌 5푼 너비 5촌 6푼
전체 길이 1 2척 너비 2촌
뒤
전체 길이 3척 2촌 5푼
허리 너비 1척 7촌 5푼
끝 전체 너비 2폭
단 길이 1촌 5푼

처용 의(處容 衣)

해설

《악학궤범(樂學軌範)》은 성종 24년(1493) 8월 상순에 편찬된 음악서다. 주 편찬자는 성현(成俔)이며, 그와 함께 유자광(柳子光), 신말평(申末平), 박곤(朴棍), 김복근(金福根) 등이 보정(補正)과 편찬에 참여했다. 이들은 성종 대에 비교적 음률에 밝았던 인물들로 특히 성현은 장악원(掌樂院)의 제조(提調)로서 음악 행정과 이론에 해박했던 것으로 보인다.

편찬 동기는 장악원에 소장된 의궤(儀軌)와 악보가 파손되어 없어지고 그나마 남은 것들도 소략(疏略)해 이를 수교(讎校)하기 위해서라고 서문에서 말하고 있다. 이와 함께 성종 대 주자학적 예악 사상의 강화, 그에 따라 의례서인《국조오례의(國朝五禮儀)》《국조오례의서례(國朝五禮儀序例)》등과 균형을 이루려는 의도 그리고 국가 제례와 연향의 전범 수립 등이 다양하게 작용한 것으로 보인다.

《악학궤범》의 간행은 성종 이후 세 차례 있었는데 광해군 2년(1610), 효종 6년(1655), 영조 19년(1743) 등이 그

것이다. 성종 대의 초간본[호사문고본(蓬左文庫本)]은 한국에는 없고 일본에 있으며, 광해 2년본[만력본(萬曆本)], 효종 6년본[오대산본(五臺山本)], 영조 19년본[국립국악원본] 가운데 효종 6년본은 현재 남아 있지 않고 나머지는 한국에 전한다.

《악학궤범》은 총 9권으로 구성되어 있다. 권1은 아악·당악·향악의 음악 이론을 도설과 함께 다루며, 권2에는 악무 연주의 도설이 있고, 권3에는《고려사》〈악지〉소재 당악 정재와 속악 정재를 실었다. 권4는 시용당악정재도의(時用唐樂呈才圖儀)로 고려로부터 전승된 당악 정재 5종목과 조선 시대에 추가된 당악 정재 9종목을 함께 수록했으며, 권5는 시용향악정재도의(時用鄕樂呈才圖儀)로 〈보태평〉, 〈정대업〉, 〈봉래의〉, 〈아박〉, 〈향발〉, 〈무고〉, 〈학연화대처용무합설〉, 〈교방가요(教坊歌謠)〉, 〈문덕곡(文德曲)〉 등 향악 정재 10종목을 수록했다. 권6은 아부악기도설(雅部樂器圖說)로 약 45종의 악기와 무의(舞儀)에 쓰던 기물의 도설이 있으며, 권7에 당부악기도설(唐部樂器圖說)·향부악기도설(鄕部樂器圖說)로 당악기와 향악기에 관한 도설이 있고, 권8에 당악 정재의물도설(唐樂呈才儀物圖說)·연화대복식도설(蓮花臺服飾圖說)·정대업정재의물도설(定大業呈才儀物圖說)·향악정재악기도설(鄕樂呈才樂器圖說), 둑제(纛祭) 소용(所用) 등의 의물(儀物)·무복(舞服)에 대한 도설이 있다. 권9에는 관복도설(冠服圖說)·처용관복도설(處容冠服圖說)·무동관복도설(舞童冠服圖說)·둑제복(纛祭服)·여기복식도설(女妓服飾圖說) 등의 도설을 수록했다.

이 가운데 특히 권2부터 권5까지가 주목을 끈다. 권2 아악진설도설(雅樂陳設圖說)과 속악진설도설(俗樂陳設圖說)이《국조오례의》의 내용을 전제로 하는 점은《악학궤범》이《경국대전(經國大典)》뿐만 아니라《국조오례의》와 관련이 있음을 보여 주는 것이고 또한 시용등가(時用登歌) 등을 수록하고 있는 것은 시류에 따라 오례의로부터 변모했음을 확인케 한다. 이는《악학궤범》이 단지 정리 차원에서 편찬된 것이 아니라 현실 차원에서 정비된 시용 악서의 성격을 동시에 가지고 있음을 의미한다. 또한 권2에는 시용아부제악(時用雅部祭樂)과 시용속부제악(時用俗部祭樂)의 음악과 악장을 실었다. 이렇게 권2에서 둑제에 〈납씨가〉를 기록한 것은 한문 악장만을 기록하던 관습에서 벗어나 국문현토 악장도 기록 대상이 되었음을 뜻한다.

권3은《고려사》악지 소재 당악 정재와 속악 정재를 그대로 옮겨 놓았고 권4·권5는 시용 정재를, 그리고 그 이

하는 의물과 무복(舞服) 등을 서술했다. 이렇게 《악학궤범》이 정재에 대해 서술을 집중한 이유는 정재 중심으로 편찬하려는 의도로 보인다. 이는 그 종합 예술적 측면에서 이해할 수 있다. 궁중 제례와 연향은 가무악이 일체된 형태로 공연되는 것이어서 정재에 관한 자세한 서술을 통해 공연 절차뿐만 아니라 음악과 악장까지 함께 포괄할 수 있는 효용성을 지니기 때문이다. 그리고 《악학궤범》 편찬 당시 여러 악보가 이미 편찬되었기 때문에 굳이 《악학궤범》에까지 악보를 옮길 이유가 없었던 것으로 보인다. 또 《경국대전》이나 《국조오례의》·《국조오례의서례》에서 마련하지 못한 공연 절차를 수록한 점은 《악학궤범》이 이들 의례서와 달리 악서로서 독자적인 영역을 확보하고자 했던 것으로 볼 수 있다. 이를 정재사적 입장에서 보면 그간 악서가 음악 위주로 편찬되던 것에서 무용 위주로 편찬될 가능성을 열었다는 데서 그 의미를 찾을 수 있다.

권5 시용향악정재도의는 창사가 대부분 국문 가사 그대로 실려 있다. 이는 권2에 국문현토 악장을 수록한 것과 맞물려 국문 악장도 성종 대에 이르면 권위 있는 문헌에 당당히 기록될 수 있는 위치를 확보했음을 뜻한다. 특히 〈아박〉, 〈무고〉, 〈학연화대처용무합설〉의 창사가 《고려사》 〈악지〉에는 수록되지 못했지만 《악학궤범》에 이르러

〈동동〉〈정읍〉〈처용가〉〈정과정〉 등으로 수록되어 고려 시대의 노래가 기록된 점은 그 의의가 매우 크다.

이처럼 《악학궤범》은 성종 초기까지 이루어 낸 예악 정비의 결과물을 정리하면서 성종 당대의 실용서로서 편찬되었으며, 서술의 축을 정재에 두었던 것은 상대적으로 미약했던 궁중 무용을 부각함과 동시에 가무악의 효율적 정리를 꾀한 것으로 보인다. 또한 한문 악장뿐만 아니라 국문현토 악장과 국문 악장까지 기록한 것도 《악학궤범》이 만들어 낸 새로운 전통이라 할 수 있다.

참고문헌

《악학궤범》(북한판, 평양 · 국립출판사, 1956).

〈악학궤범 해제〉(이혜구, 《신역 악학궤범》, 국립국악원, 2000).

《악학궤범》(진단학회 편, 일조각, 2001).

《악장가사 연구》(김명준, 다운샘, 2004).

〈악학궤범 해제〉(김지용, 《악학궤범》, 명문당, 2011).

엮은이에 대해

성현(成俔, 1439~1504)의 본관은 창녕(昌寧)으로 자는 경숙(磬叔), 호는 용재(慵齋) · 부휴자(浮休子) · 허백당(虛白堂) · 국오(菊塢), 시호는 문재(文載)다. 세조 8년(1462)에 문과에 급제해 세조, 성종 대에 대사간, 대사성, 동부승지, 형조참판, 강원도관찰사를 지냈으며, 특히 음률에 정통해 예조판서로서 장악원제조(掌樂院提調)를 겸하면서 유자광(柳子光) 등과 《악학궤범》을 편찬했다. 연산군 이후에는 한성부판윤, 공조판서 겸 대제학을 지냈다. 그의 저서로는 시문집인 《허백당집》, 역대 민속 문화 문물을 기록 정리한 《용재총화(慵齋叢話)》 그리고 당대 정치 사회 문제를 다룬 《부휴자담론(浮休子談論)》 등이 있다.

옮긴이에 대해

김명준(金明俊)은 고려대학교 국어국문학과에서 학사, 석사, 박사 학위를 취득했으며, 고려대, 상지대, 충북대, 상지대 강사, 고려대학교 초빙 교수, 파키스탄 국립외국어대학교 한국어학과 조교수 및 학과장을 역임했다. 지금은 한림대학교 국어국문학과에서 교수로 재직하고 있다.

저서로는 《조선 중기 시가와 자연》(공저, 2002), 《악장가사 연구》(2004, 문화관광부 우수학술도서), 《한국 고전시가의 모색》(2008), 《중세 동서 문화의 만남》(공저, 2008), 《중세 동서 시가의 만남》(공저, 2009), 《고려속요의 전승과 확산》(2013), 《고전시가여행》(공저, 2016), 《한국고전문학작품론》(공저, 2018), 《어촌 심언광의 문학과 사상》(공저, 2018), 《생각하며 읽는 한국고전시가》(2018), 《한국고전문학과정치》(2021) 등이 있고, 번역 · 자료서로 《악장가사 주해》(2004), 《교주 조선가요 집성》(2008), 《개정판 고려속요 집성》(2008), 《악장가사》(2011), 《시용향악보》(2011, 문화관광부 우수학술도서), 《악학궤범》

(2013), 《신증고려속요집성》(2017), 《덕온공주가의 한글 2》(공저, 2020), 〈주해 신정가보》(2021), 《증참의공적소 시가》(2024) 등이 있다.

원서발췌 악학궤범

엮은이 성현
옮긴이 김명준
펴낸이 박영률

초판 1쇄 펴낸날 2013년 4월 16일
개정1판 1쇄 펴낸날 2025년 8월 25일

커뮤니케이션북스(주)
출판등록 제313-2007-000166호(2007년 8월 17일)
02880 서울시 성북구 성북로 5-11
전화 (02) 7474 001, 팩스 (02) 736 5047
commbooks@commbooks.com
www.commbooks.com

ⓒ 김명준, 2025

지만지한국문학은
커뮤니케이션북스(주)의 한국 문학 출판 브랜드입니다.
이 책은 저작권자와 계약하여 발행했으므로, 본사의 서면 허락 없이는
어떠한 형태나 수단으로도 이 책의 내용을 이용할 수 없습니다.

ISBN 979-11-430-1050-6 03810

책값은 뒤표지에 있습니다.